基本的な内容を解説し、事例編となる第2章において、具体的な事例による事業承継・M&Aの法人税務の検討・解説を行うという構成となっています。組織再編税制やグループ法人税制等の基本について知りたい方は、まず第1章をお読みください。その上で第2章をお読みいただくことで、組織再編税制やグループ法人税制等の規定が具体的な事例でどのように当てはめられるのかについて理解できるようになっています。なお、第2章の事例ごとにもその必要となる規定の解説をその都度行っていますので、第2章の各事例の解説をお読みいただくことでもその内容について理解できるようになっています。

　また、事業承継・M&Aを考える会社が全て業績好調とは限らず、業績不振等に陥っている会社の事業承継・M&Aを考える場合において、いかにしてその会社の事業再生を図るかということは重要な問題であり、そこには税務上の問題も生じることになります。そして、いわゆる第二会社方式の手法は、事業再生の場面における税務上の問題を解決するための重要な選択肢となります。本書では、第二会社方式についても、その基本的内容の解説及び具体的な事例による検討・解説を行っていますので、第二会社方式による事業再生について知りたい方にも適しています。

　さらに、会社法の改正により令和3年3月1日から適用が開始された株式交付制度は、今後のM&Aを検討する上で重要な手法の一つとなると考えられます。本書では、株式交付制度の会社法の規定及び令和3年度税制改正で創設された課税の特例の規定の基本を踏まえた上で、既存の株式交換制度との比較を通じた検討・解説を行

うことにより、株式交付制度の活用にも資するようになっています。

　本書が事業承継・M＆Aの法人税務に携わる税理士・公認会計士等の専門家や事業承継・M＆Aを検討している経営者・税務担当者その他の方々の一助となれば幸いです。

令和3年6月

著　者

法法	法人税法
法令	法人税法施行令
法規	法人税法施行規則
法基通	法人税基本通達
所法	所得税法
所令	所得税法施行令
相法	相続税法
登免税法	登録免許税法
消法	消費税法
国通法	国税通則法
国徴法	国税徴収法
国徴令	国税徴収法施行令
国徴法基通	国税徴収法基本通達
措法	租税特別措置法
措令	租税特別措置法施行令
復興財確法	東日本大震災からの復興のための施策を実施するために必要な財源の確保に関する特別措置法
地法	地方税法
地令	地方税法施行令

　本書は、令和3年6月1日現在において公布又は公表されている法令、通達その他情報によっています。なお、令和3年度税制改正の規定については、「産業競争力強化法等の一部を改正する等の法律」（第204回国会提出法案）が施行された日時点の内容によっています（所得税法等の一部を改正する法律（令和3年法律第11号）附則1十）。

x

第2章　事業承継・M＆Aの事例検討

I　事業承継・グループ内再編に関する事例検討

第1章

事業承継・M＆Aの基本

Ⅰ　組織再編税制の基本

　事業承継・M＆Aの法人税務を検討するにあたっては、法人税法における組織再編税制の理解が不可欠となります。

　ここでは、組織再編税制を理解するための基本的な事項を、会社法の規定と併せて解説します。

　なお、本書では、実務上最も頻度の高い株式会社における組織再編行為を前提として解説を行います。

1　組織再編税制の意義

⑴　法人税法における組織再編税制の範囲と概要

　法人税法における組織再編税制は、次の組織再編行為が対象となります。

<組織再編税制の対象となる組織再編行為>

① 合併
② 分割（注1）
③ 現物出資
④ 現物分配
⑤ 株式分配
⑥ 株式交換等（注2）
⑦ 株式移転

(注)1　分割は、さらに分割型分割と分社型分割に分かれます。
　　　2　株式交換等には、株式交換のほか、全部取得条項付種類株式、
　　　　株式併合又は株式売渡請求を用いる手法により、少数株主を排除
　　　　して法人間の100％親子関係（完全支配関係）を成立させる一定
　　　　のもの（いわゆるスクイーズアウト）が含まれます。

　組織再編税制とは、上記の組織再編行為によりある法人の資産を別の法人に承継させる場合において、その資産を時価により譲渡したものとして譲渡損益の計上を行う（資産の含み損益を実現させる）ことを原則としつつも、一定の要件（「適格要件」といいます。）を充足する場合には、その資産を帳簿価額により譲渡又は引継ぎをしたものとして、その承継元法人（譲渡法人）で譲渡損益の計上を行わず（資産の含み損益を実現はさせず）、その承継先法人（譲受法人）では、その承継元法人における帳簿価額により取得又は引継ぎをしたものとして組織再編の前後で課税関係を継続させる（資産の含み損益を承継させる）等の税務上の取扱いをいいます。

　組織再編税制が導入されたのは平成13年度の税制改正ですが、政府税制調査会の「平成13年度の税制改正に関する答申」（平成12年12月13日）では、組織再編税制の課税関係の繰延べについて「組織再編成により資産を移転する前後で経済実態に実質的な変更が無いと考えられる場合には、課税関係を継続させるのが適当と考えられる。したがって、組織再編成において、移転資産に対する支配が再編成後も継続していると認められるものについては、移転資産の譲渡損益の計上を繰り延べることが考えられる。」との考え方が示されています。上記の答申にある「組織再編成により資産を移転する

前後で経済実態に実質的な変更が無いと考えられる場合」を具体的に要件として規定したものが適格要件であり、適格要件を満たさないことにより時価課税が行われる組織再編成を非適格組織再編成といい、適格要件を満たすことにより課税の繰延べが行われる組織再編成を適格組織再編成といいます。

<組織再編税制>

種類	適格要件の充足	課税関係
非適格組織再編成	適格要件を満たさないものが該当します。	資産の移転につき時価課税を行います（資産の含み損益が承継元法人で実現します。）。
適格組織再編成	適格要件を満たすものが該当します。	資産の移転に係る課税を繰り延べます（資産の含み損益が承継先法人に引き継がれます。）。

<非適格組織再編成>

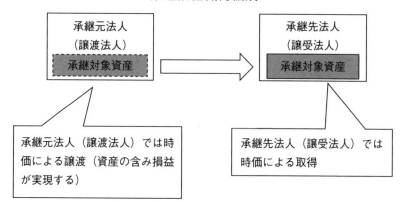

5

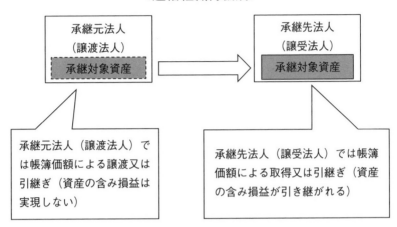

なお、上記⑥の株式交換等及び⑦の株式移転は、ある法人が他の法人の完全子法人となる組織再編行為であり、合併等のように資産・負債を他の法人に移転させるものではありません。しかしながら、株式交換等・株式移転は、単なる取引法上の株式売買ではなく組織法（会社法）上の行為であり、完全子法人の株式を通じて完全子法人全体を取得することといえることから、合併等と同様に組織再編税制の一環に位置付けられています。そして、他の組織再編との整合性を保つために、非適格組織再編成となる株式交換等・株式移転の場合には、完全子法人の有する一定の資産を時価評価して含み損益を評価損益として計上することとされています。一方、適格組織再編成となる株式交換等・株式移転の場合には、時価評価による評価損益の計上はしないこととされています。

<株式交換等・株式移転の組織再編税制における位置付け>

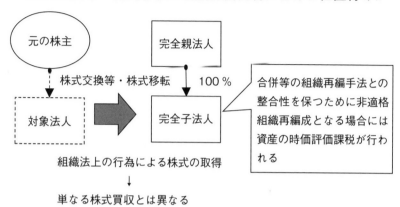

また、組織再編行為のうち、①の合併、②の分割のうち分割型分割、⑤の株式分配、⑥の株式交換等、⑦の株式移転では、その組織再編行為を行う当事者である法人以外にその資産・負債を移転する法人の株主又は完全子法人となる法人の株主は、その組織再編行為の対価を受け取ることになるため、それら株主においても株式の譲渡損益等の課税が生じます。ただし、一定の場合には、課税関係を継続させることになっています。

⑵　会社法の組織再編行為との相違点

会社法上の組織再編行為[1]は、下記のものがあります。

1　本書では、会社法第5編に規定されている行為（ただし、単一の法人が行う行為である組織変更（例えば、株式会社が合同会社等の持分会社に変更することをいいます。）は除きます。）をもって会社法上の組織再編行為と位置付けています。

＜会社法上の組織再編行為＞

---

① 合併
② 分割（会社分割）
③ 株式交換
④ 株式移転
⑤ 株式交付

このうち、合併、分割、株式交換、株式移転は、法人税法上も組織再編税制の対象となっており、会社法と法人税法とで一致しているといえます。一方、株式交付は、会社法において組織再編行為に位置付けられていますが、法人税法上の組織再編税制の対象にはなっていません。ただし、租税特別措置法において、課税の特例が設けられています。

また、現物出資、現物分配及び株式交換等のうち株式交換以外の手法（全部取得条項付種類株式、株式併合又は株式売渡請求を用いる手法による一定のスクイーズアウト）は、会社法の組織再編行為ではありませんが、合併、分割、株式交換、株式移転との課税の公平性等を考慮して、同じ組織再編税制の中に位置付けられていると考えられます。

なお、事業譲渡[2]は、会社法において組織再編行為に位置付けら

2　事業譲渡の意義については、会社法制定前の旧商法の営業の譲渡（会社法では、営業の譲渡から事業の譲渡に用語の変更が行われました。）に関する判例において、「一定の営業の目的のため組織化され、有機的一体として機能する財産の全部または重要なる一部を譲渡し、これによって、譲渡会社がその財産によって営んでいた営業的活動の全部または重要な一部を譲受人に受け継がせ、譲渡会社がその譲渡の限度に応じ法律上当然に競業避止業務を負う結果を伴うものをいう。」

れておらず、法人税法においても組織再編税制の対象にはなっていません。

＜法人税法と会社法の相違点＞

行為の種類	法人税法の組織再編税制	会社法の組織再編行為
合併	○	○
分割	○	○
現物出資	○	×
現物分配	○	×
株式分配	○	×
株式交換	○	○
株式交換以外のスクイーズアウト	○	×
株式移転	○	○
株式交付	×（注）	○
事業譲渡	×	×

（注）　法人税法の組織再編税制の対象にはなっていませんが、租税特別措置法で一定の課税の特例が設けられています。

　ここでは、組織再編税制の対象となる組織再編行為のうち、実務上特に重要である合併、分割、株式交換、株式移転について解説します。

　との判示がされています（最高裁昭和40年9月22日判決）。
　本書では、現金等を対価として会社分割や現物出資の手法を用いないで事業を譲渡する行為をもって事業譲渡と位置付けています。

2　合併

(1)　会社法の規定

　会社法上、合併は、吸収合併と新設合併の2つがあり、吸収合併とは、会社が他の会社とする合併であって、合併により消滅する会社（「吸収合併消滅会社」といいます。）の権利義務（資産負債）の全部を合併後存続する会社（「吸収合併存続会社」といいます。）に承継させるものをいい（会社法2二十七、749①）、新設合併とは、2以上の会社がする合併であって、合併により消滅する会社（「新設合併消滅会社」といいます。）の権利義務の全部を合併により設立する会社（「新設合併設立会社」といいます。）に承継させるものをいいます（会社法2二十八、753①）。ここでは、吸収合併を前提とした解説を行います。

　合併の権利義務の承継は、「包括承継」とされ、その承継につき債権者等の個別の承諾を必要としないものとされています（会社法750①他）[3]。一方、事業譲渡や現物出資による権利義務（資産負債）の承継は、通常の売買と同じ「特定承継」とされており、その承継には基本的に債務者及び債権者の個々の同意を得ることが必要になります[4]。

3　原則として当事者会社の株主総会の特別決議による吸収合併契約の承認を要し（会社法783①、795①、309②十二）、さらに一定の債権者保護手続等を要します（会社法789、799）。
4　債権の移転（譲渡）については、譲渡制限ないし譲渡禁止の特約があっても譲渡の効力自体は妨げられませんが、その特約があること

＜包括承継と特定承継＞

承継の類型	債務者・債権者の 同意の要否	包括承継・特定承継の 具体例
包括承継	承継される権利義務に係る債務者・債権者の同意は不要です。	相続・合併・分割
特定承継	承継される権利義務に係る債務者・債権者の同意が必要です。	売買・事業譲渡・現物出資

　また、吸収合併消滅会社の株主は、吸収合併存続会社からその株式に代わる対価（合併対価）の交付を受けます。合併対価は、吸収合併存続会社の株式が一般的ですが、特にその種類に制限はなく、金銭その他の資産を交付することが可能であり、対価を交付しないこと（無対価）も可能です。

　を知っていたあるいは知らなかったことについて重過失がある譲受人に対しては、債務者は債務の履行を拒むことができます（民法466①～③）。

＜吸収合併（会社法）＞

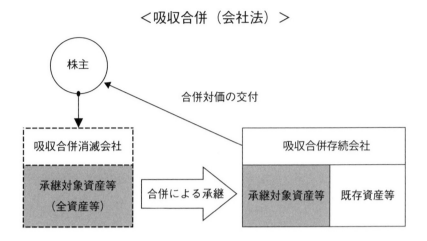

⑵　法人税法の規定

イ　法人税法上の合併

　法人税法上、合併によりその有する資産及び負債の移転を行った法人（会社法上の吸収合併消滅会社に相当します。）を被合併法人といい（法法2十一）、合併により被合併法人から資産及び負債の移転を受けた法人（会社法上の吸収合併存続会社に相当します。）を合併法人といいます（法法2十二）。

　会社法上、合併対価は、吸収合併存続会社から吸収合併消滅会社の株主に直接交付されることになっていますが、法人税法上の適格要件（下記ロを参照してください。）を満たさない合併（「非適格合併」といいます。）の場合には、被合併法人が合併法人から合併対価を取得し、直ちにこれをその株主に交付したものとされています（法法62①）。

<＜吸収合併（法人税法上の非適格合併）＞

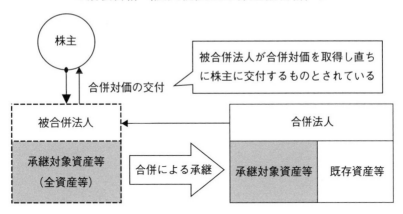

□　適格要件

　適格合併は、⑴完全支配関係がある場合の適格合併、⑵支配関係がある場合の適格合併、⑶共同事業を行う場合の適格合併の３つの類型に分かれます。⑴完全支配関係がある場合と⑵支配関係がある場合を併せてグループ内組織再編と呼ばれています。適格要件は、下記の表のように整理されます（法法２十二の八、法令４の３①〜④他）。なお、表の注書は、基本的な内容を示しており、これ以外に特例的な取扱いがあります。

＜適格要件＞

適格合併の類型	満たすべき要件
(1)　完全支配関係がある場合の適格合併	①　金銭等不交付要件（注1） ②　完全支配関係継続要件（注2）
(2)　支配関係がある場合の適格合併	①　金銭等不交付要件 ②　支配関係継続要件（注3） ③　従業者引継要件（注4） ④　事業継続要件（注5）
(3)　共同事業を行う場合の適格合併	①　金銭等不交付要件 ②　事業関連性要件（注6） ③　事業規模要件（注7）又は特定役員要件（注8） ④　従業者引継要件 ⑤　事業継続要件 ⑥　株式継続保有要件（注9）

(注)1　合併対価として合併法人又は合併親法人（合併法人との間にその法人による一定の完全支配関係がある法人をいいます。）のうちいずれか一の法人の株式以外の資産（剰余金の配当等として交付された金銭その他の資産及び合併に反対する株主に対するその買取請求に基づく対価として交付される金銭その他の資産を除きます。）が交付されない場合には、この要件を満たします。ただし、合併法人が被合併法人の発行済株式（自己株式を除きます。）の3分の2以上を有する場合には、合併対価として金銭その他の資産を交付したとしてもこの要件を満たします。

　　　2　合併前に合併法人と被合併法人との間に当事者間の完全支配関係がある場合には、それによりこの要件を満たします（合併後両者は一の法人となるため合併後の完全支配関係は観念できません。）。それ以外に合併前に合併法人と被合併法人との間に同一の者による完全支配関係（法人相互の完全支配関係）のみがある場

合には、合併後にその同一の者と合併法人との間にその同一の者による完全支配関係が継続することが見込まれている場合には、この要件を満たします。

3　合併前に合併法人と被合併法人との間に当事者間の支配関係がある場合には、それによりこの要件を満たします（合併後両者は一の法人となるため合併後の支配関係は観念できません。）。それ以外に合併前に合併法人と被合併法人との間に同一の者による支配関係（法人相互の支配関係）のみがある場合には、合併後にその同一の者と合併法人との間にその同一の者による支配関係が継続することが見込まれている場合には、この要件を満たします。

4　被合併法人の合併直前の従業者のおおむね80％以上が合併後に合併法人の業務に従事することが見込まれている場合には、この要件を満たします。

5　被合併法人の主要な事業（(3)の場合には合併法人の事業と関連するものに限られます。）が合併後に合併法人において引き続き行われることが見込まれている場合には、この要件を満たします。

6　被合併法人の主要な事業のうちのいずれかの事業（「被合併事業」といいます。）と合併法人のいずれかの事業（「合併事業」といいます。）とが相互に関連する場合には、この要件を満たします。

7　被合併法人の被合併事業と合併法人の合併事業（被合併事業と関連するものに限られます。）のそれぞれの売上金額、従業者数、被合併法人と合併法人のそれぞれの資本金の額若しくはこれらに準ずるものの規模の割合がおおむね５倍を超えない場合には、この要件を満たします。

8　被合併法人の特定役員（社長、副社長、代表取締役、代表執行役、専務取締役若しくは常務取締役又はこれらに準ずる者で法人の経営に従事している者をいいます。）のいずれかと合併法人の特定役員のいずれかとが合併後に合併法人の特定役員となることが見込まれている場合には、この要件を満たします。

9　合併により交付される合併法人又は合併親法人のうちいずれか一の法人の株式（議決権のないものを除きます。）であって支配株主（合併の直前に被合併法人と他の者との間に当該他の者による支配関係がある場合における当該他の者及び当該他の者による

支配関係があるもの（合併法人を除きます。）をいいます。）に交付されるもの（「対価株式」といいます。）の全部が支配株主により継続して保有されることが見込まれている場合には、この要件を満たします（支配株主がいない場合にはこの要件は課されません。）。

八　課税関係

非適格合併の場合、被合併法人から合併法人へ移転した資産及び負債が時価で譲渡したものとされ、譲渡損益が損金算入・益金算入されることになります（法法62①）[5]。

適格合併の場合には、被合併法人の最後事業年度終了時の資産及び負債の帳簿価額が合併法人に引き継がれることになり、譲渡損益は生じません（法法62の2①）。

被合併法人の株主においては、その被合併法人株式の譲渡の課税関係が生じます（法法61の2①②）。また、非適格合併の場合は、みなし配当の課税関係が生じます（法法24①一）。

被合併法人の株主の課税関係を整理すると下記のようになります（法法24①一、61の2①②、法令23①一⑥⑦、119①五、二十七、119の3⑰、119の4①、119の7の2①②）。

5　完全支配関係がある間で行われる非適格合併については、いわゆるグループ法人税制の適用がある場合には、譲渡損益が繰り延べられることになります（法法61の13①）。その内容については、下記Ⅳ1を参照してください。

＜被合併法人の株主の課税関係＞

合併のパターン	譲渡課税		みなし配当課税
①　非適格合併で金銭等不交付合併(注1)、特定無対価合併（注2）のいずれにも該当しない場合	**時価譲渡（譲渡課税有り）** 譲渡対価＝対価の資産（合併法人株式等）の時価－みなし配当（注3） 合併法人株式等＝時価		みなし配当課税有り
	税務上の仕訳		
	（合併法人株式等）×× （譲渡原価）　　　△△（注4）	（譲渡対価）　××－○○ （みなし配当）　　　○○ （被合併法人株式）△△	
②　非適格合併で金銭等不交付合併又は特定無対価合併に該当する場合	簿価譲渡（譲渡課税無し） 譲渡対価＝譲渡原価 合併法人株式＝被合併法人株式の帳簿価額＋みなし配当		**みなし配当課税有り**
	税務上の仕訳		
	（合併法人株式）△△＋○○ （譲渡原価）　　　　△△	（譲渡対価）　　　△△ （みなし配当）　　○○ （被合併法人株式）△△	
③　適格合併で金銭等不交付合併又は特定無対価合併に該当する場合	簿価譲渡（譲渡課税無し） 譲渡対価＝譲渡原価 合併法人株式＝被合併法人株式の帳簿価額		みなし配当課税無し
	税務上の仕訳		
	（合併法人株式）　△△ （譲渡原価）　　　△△	（譲渡対価）　　　△△ （被合併法人株式）△△	
④　適格合併で上記③以外の場合	**時価譲渡（譲渡課税有り）** 譲渡対価＝対価の資産（合併法人株式等）の時価 合併法人株式等＝時価		みなし配当課税無し
	税務上の仕訳		
	（合併法人株式等）×× （譲渡原価）　　　　△△	（譲渡対価）　　　×× （被合併法人株式）△△	

(注)1　金銭等不交付合併とは、合併対価として合併法人又は親法人（合併直前に合併法人との間にその法人による完全支配関係がある法人をいいます。）のうちいずれか一の法人の株式の以外の資産（剰余金の配当等として交付された金銭その他の資産及び合併に反対する株主に対するその買取請求に基づく対価として交付される金銭その他の資産を除きます。）が交付されなかった合併（無対価合併を除きます。）をいいます。

2　特定無対価合併とは、株主に合併法人株式その他の資産が交付されなかった合併で、株主に対する合併法人株式の交付が省略されたと認められる一定の合併（合併法人株式が交付された場合と比較して資本関係に差異がない合併）をいいます。

3　みなし配当＝対価の資産の時価－被合併法人の資本金等の額÷発行済株式（自己株式を除きます。）の総数×その株主の被合併法人株式の保有株数

特定無対価合併の場合には、被合併法人の時価純資産価額（独立取引営業権、資産調整勘定、退職給与負債調整勘定、短期重要負債調整勘定、差額負債調整勘定の各金額を含みます。これらの金額については、下記Ｖ4を参照してください。）を発行済株式（自己株式を除きます。）の総数で除し、これにその株主の被合併法人株式の保有株数を乗じて計算した金額に相当する合併法人株式の交付を受けたものとみなして、みなし配当を計算します。

4　譲渡原価＝被合併法人株式の帳簿価額

3　分割

(1)　会社法の規定

　分割は、合併と並ぶ組織再編行為の一つであり、合併が会社の権利義務（資産負債）の全部を他の会社に承継させて承継元の会社は解散・清算の手続きを要することなく消滅するものであるのに対して、分割は、承継元の会社の事業に関する権利義務（資産負債）の

全部又は一部を他の会社に承継させますが、承継元の会社は消滅せ
ずに存続します。また、承継させる権利義務（資産負債）の範囲・
内容は、当事者間において決めることになります（会社法２二十七
〜三十、758二、763五）。

＜合併と分割の相違点＞

	承継させる権利義務の範囲	承継元の会社の扱い
合併	承継元の会社の全ての権利義務が承継されます。	消滅します（解散・清算の手続を要しません。）。
分割	承継元の会社の権利義務の全部又は一部が承継されます（どれを承継させるかは当事者が決めます。）。	消滅せずそのまま存続します。

　分割による権利義務（資産負債）の承継は、相続や合併と同じ
「包括承継」とされており、その承継させる権利義務に係る債務者
及び債権者の個々の同意を得ることなく、その承継の対象とした権
利義務（資産負債）を移転させることができます（会社法759①、
764①）[6]。一方、事業譲渡や現物出資による権利義務（資産負債）の
承継は、通常の売買と同じ「特定承継」とされており、その移転に
は基本的に債務者及び債権者の個々の同意を得ることが必要になり

---

[6]　原則として当事者会社の株主総会の特別決議による吸収分割に係
る吸収分割契約又は新設分割に係る新設分割計画の承認を要し（会社
法783①、795①、804①、309②十二）、さらに一定の債権者保護手続
等を要します（会社法789、799、810）。

ます[7]。

＜包括承継と特定承継＞

承継の類型	債務者・債権者の同意の要否	包括承継・特定承継の具体例
包括承継	承継される権利義務に係る債務者・債権者の同意は不要です。	相続・合併・分割
特定承継	承継される権利義務に係る債務者・債権者の同意が必要です。	売買・事業譲渡・現物出資

　会社法上、分割は、吸収分割と新設分割の２つがあり、吸収分割とは、会社（「吸収分割会社」といいます。）がその事業に関して有する権利義務（資産負債）の全部又は一部を分割後他の会社（「吸収分割承継会社」といいます。）に承継させることをいい（会社法２二十九、757、758①）、新設分割とは、１又は２以上の会社（「新設分割会社」といいます。）がその事業に関して有する権利義務の全部又は一部を分割により設立する会社（「新設分割設立会社」）に承継させることをいいます（会社法２三十、763①）。

7　債権の移転（譲渡）については、譲渡制限ないし譲渡禁止の特約があっても譲渡の効力自体は妨げられませんが、その特約があることを知っていたあるいは知らなかったことについて重過失がある譲受人に対しては、債務者は債務の履行を拒むことができます（民法466①〜③）。

＜吸収分割と新設分割＞

吸収分割	既存の会社を承継先とする分割
新設分割	分割により設立される会社を承継先とする分割

　分割では、吸収分割会社・新設分割会社が吸収分割承継会社・新設分割設立会社からその承継させる権利義務に代わる対価の交付を受けます。吸収分割の場合には、吸収合併と同様に対価の種類・有無について制限はありません。新設分割の場合には、新たに会社を設立するため、基本的に新設分割設立会社の株式が交付されることになります（無対価はありません。）。

＜吸収分割（会社法）＞

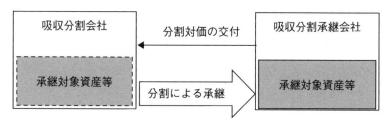

＜新設分割（会社法）＞

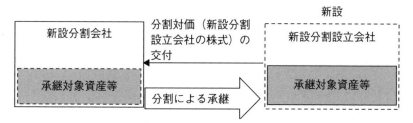

　会社法施行前の旧商法の時代には、分割の対価は、分割会社（吸収分割会社・新設分割会社）の株主に対して交付するか、それとも分割会社に対して交付するか選択することができました（旧商法374②二、374の17②二）。株主に対して交付する分割は、人的分割と呼ばれ、分割会社に対して交付する分割は、物的分割と呼ばれていました。会社法では、対価の交付先は、分割会社のみとされ、株主に交付することはできなくなり（会社法758四、763①六）、人的分割は廃止されました。

　ただし、吸収分割契約又は新設分割計画において、分割会社が分割対価として交付を受けた吸収分割承継会社・新設分割設立会社の株式をその株主に剰余金の配当により交付する場合には、財源規制を課さないこととされており（会社法758八ロ、763①十二ロ、792）、物的分割と剰余金の配当による分割対価の交付を組み合わせることにより、旧商法の人的分割と同様の効果を生じさせることができます。なお、このような分割を分割型吸収分割又は分割型新設分割といいます（会社計算規則2③四十四、五十四）。

⑵　法人税法の規定

イ　分割型分割・分社型分割の定義

　法人税法上、分割によりその有する資産又は負債の移転を行った法人（会社法上の吸収分割会社・新設分割会社に相当します。）を分割法人といい（法法2十二の二）、分割により分割法人から資産又は負債の移転を受けた法人（会社法上の吸収分割承継会社・新設分割設立会社に相当します。）を分割承継法人といいます（法法2

十二の三）。

　上記(1)で説明したように、会社法が制定される前の旧商法の時代においては、分割承継法人が分割対価資産（旧商法の時代においては、原則として分割承継法人の株式のみ認められていました。）の交付先として分割法人と分割法人の株主のいずれも認められており、旧商法の時代においては、分割承継法人が分割法人の株主に対して分割対価資産を交付する分割を分割型分割と、分割承継法人が分割法人に対して分割対価資産を交付する分割を分社型分割としていました。分割型分割は、分割法人の株主に対価が交付されることから合併と類似した取扱いとなり、分社型分割は、分割法人に対価が交付されることから現物出資と類似した取扱いとなっていました。

　会社法では、対価の交付先は、分割法人のみとされ、株主に交付することはできなくなりましたが、分割法人がその交付を受けた対価を直ちにその株主に剰余金の配当により交付することにより従前の分割型分割と同じ状況を作り出すことができます。

　そこで、分割の対価が直ちに株主に交付されるものを分割型分割とし、分割の対価がそのまま分割法人に留め置かれるものを分社型分割として、旧商法時代と同じ課税制度を維持することとされています。

＜旧商法の人的分割と会社法の分割型分割＞

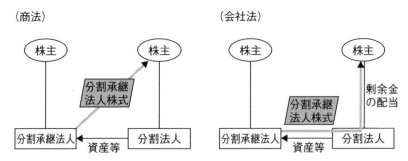

（出典　財務省「平成18年度税制改正の解説」289頁）

　なお、吸収分割では、無対価の場合もあることから、分割型分割と分社型分割は、具体的には次のような定義規定が設けられています。

　分割型分割とは、次に掲げるものをいいます（法法2十二の九）。

①　分割により分割法人が交付を受ける分割対価資産（分割により分割承継法人によって交付される分割承継法人の株式その他の資産をいいます。）の全てが分割の日において分割法人の株主に交付される場合の分割

②　分割対価資産がない分割（「無対価分割」といいます。）で、その分割の直前において、分割承継法人が分割法人の発行済株式（自己株式を除きます。）の全部を保有している場合又は分割法人が分割承継法人の株式を保有していない場合の無対価分割

　分社型分割とは、次に掲げるものをいいます（法法2十二の十）。

①　分割により分割法人が交付を受ける分割対価資産が分割の日において分割法人の株主に交付されない場合の分割（無対価分割を除きます。）

② 　無対価分割で、その分割の直前において分割法人が分割承継法人の株式を保有している場合（分割承継法人が分割法人の発行済株式（自己株式を除きます。）の全部を保有している場合を除く。）の無対価分割

<分割型分割となる吸収分割>

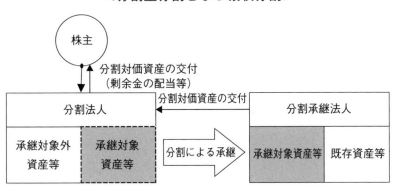

＜分割型分割になる無対価分割の例＞

① 分割承継法人が分割法人の発行済株式の全部を保有している
場合

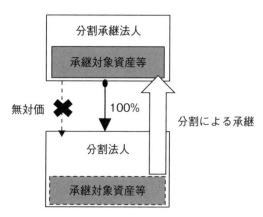

② 分割法人が分割承継法人の株式を保有していない場合

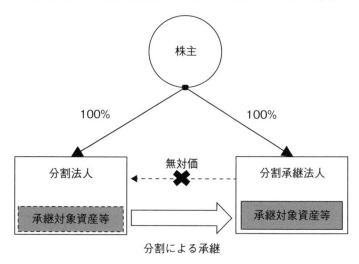

　上記①の図において、分割承継法人は、分割法人の発行済株式の100％を保有しており、仮に分割対価資産として分割承継法人株式が交付される分割型分割が行われた場合、分割承継法人株式は、分割の日において分割法人から分割承継法人に剰余金の配当等により交付されて分割法人の自己株式が増加するだけであり、それ以外は無対価の場合と同じ状態となります。

　上記②の図において、株主が分割法人及び分割承継法人の発行済株式の100％を保有されており、仮に分割対価資産として分割承継法人株式が交付される分割型分割が行われた場合、分割承継法人株式は、分割の日において分割法人から株主に剰余金の配当等により交付され、株主が保有する分割承継法人株式の株数が増加するだけあり（もともと100％保有する状態に変動はない）、それ以外は無対価の場合と同じ状態となります。

　このように分割型分割とされる無対価分割とは、分割対価資産として分割承継法人株式が交付された場合と比較してその資本関係に変動がない、換言すれば、分割対価資産である株式の交付が省略されたと考えられるものが該当します。

＜分社型分割となる吸収分割＞

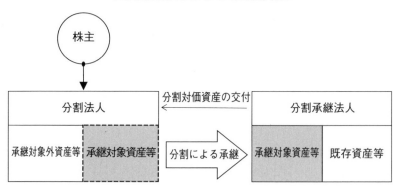

＜分社型分割となる無対価分割の例＞

○　分割法人が分割承継法人の株式を保有している場合

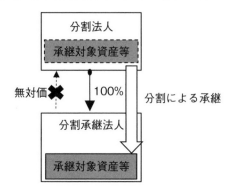

　　上記の図において、分割法人は、分割承継法人の発行済株式の
100％を保有しており、仮に分割対価資産として分割承継法人株式
が交付される分社型分割が行われた場合、分割法人が保有する分割
承継法人株式の株数が増加するだけあり（もともと100％保有する
状態に変動がない）、それ以外は無対価の場合と同じ状態となりま

28

す。

　このように分社型分割とされる無対価分割とは、分割対価資産として分割承継法人株式が交付された場合と比較してその資本関係に変動がない、換言すれば、分割対価資産である株式の交付が省略されたと考えられるものが該当します。

　分割型分割と分社型分割は、分割という同じ手法によるものであることから、分割法人から分割承継法人に対する資産負債の移転に対する課税関係は同じものとなっていますが、分割型分割は、分割対価資産が分割法人の株主に最終的に交付されるものであることから、分割法人の株主に対する配当（みなし配当）課税、譲渡課税が生じる場合があります。一方、分社型分割は、分割対価資産が分割法人の株主に交付されませんので、分割法人の株主には課税は生じません。

＜分割型分割と分社型分割の相違点＞

	分割対価資産の交付先	分割法人の株主に対する課税
分割型分割	分割法人を経て分割法人の株主に剰余金の配当等により交付されます。	原則として配当（みなし配当）課税、譲渡課税が生じます。
分社型分割	分割法人に交付されます（分割法人に留め置かれ、分割法人の株主には交付されません。）。	課税は生じません。

□　**適格要件**

　分割が適格分割となる場合とは、(1)完全支配関係がある場合の適格分割、(2)支配関係がある場合の適格分割、(3)共同事業を行う場合の適格分割、(4)独立して事業を行う場合の適格分割（単独新設分割の分割型分割の場合のみ）の4つの類型に分かれます。(1)完全支配関係がある場合と(2)支配関係がある場合を併せてグループ内組織再編と呼ばれています。

　分割の場合の適格要件は、下記の表のように整理されます（法法2十二の十一、法令4の3⑤～⑨他）。なお、表の注書は、基本的な内容を示しており、これ以外に特例的な取扱いがあります。

＜適格要件＞

適格分割の種類	満たすべき要件
(1)　完全支配関係がある場合の適格分割	①　金銭等不交付要件（注1） ②　完全支配関係継続要件（注2）
(2)　支配関係がある場合の適格分割	①　金銭等不交付要件 ②　支配関係継続要件（注3） ③　主要資産負債引継要件（注4） ④　従業者引継要件（注5） ⑤　事業継続要件（注6）
(3)　共同事業を行う場合の適格分割	①　金銭等不交付要件 ②　事業関連性要件（注7） ③　事業規模要件（注8）又は特定役員要件（注9） ④　主要資産負債引継要件 ⑤　従業者引継要件 ⑥　事業継続要件 ⑦　株式継続保有要件（注10）
(4)　独立して事業を行う場合の適格分割	①　金銭等不交付要件 ②　非支配要件（注11） ③　特定役員要件（注12） ④　主要資産負債引継要件 ⑤　従業者引継要件 ⑥　事業継続要件

(注)1　分割対価資産として分割承継法人又は分割承継親法人（分割承継法人との間にその法人による一定の完全支配関係がある法人をいいます。）のうちいずれか一の法人の株式以外の資産が交付されない場合には、この要件を満たします。ただし、分割型分割でその株式が分割法人の発行済株式（自己株式を除きます。）の総数のうちに占めるその分割法人の各株主の有する分割法人株式の

31

　　数の割合に応じて交付されないもの（いわゆる非按分型分割）は、
　　この要件を満たしません。

2　　分割前に分割法人と分割承継法人との間に完全支配関係があり、
　　分割後にその完全支配関係が継続することが見込まれている場合
　　には、この要件を満たします。

3　　分割前に分割法人と分割承継法人との間に支配関係があり、分
　　割後にその支配関係が継続することが見込まれている場合には、
　　この要件を満たします。

4　　分割事業（分割法人の分割前に行う事業のうち、分割により分
　　割承継法人において行われることとなるものをいいます。）に係
　　る主要な資産及び負債が分割承継法人に移転している場合には、
　　この要件を満たします。

5　　分割直前の分割事業に係る従業者のおおむね80％以上が分割後
　　に分割承継法人の業務に従事することが見込まれている場合には、
　　この要件を満たします。

6　　分割法人の分割事業（(3)の場合には分割承継法人のいずれかの
　　事業と関連するものに限られます。）が分割後に分割承継法人に
　　おいて引き続き行われることが見込まれている場合には、この要
　　件を満たします。

7　　分割法人の分割事業と分割承継法人の分割承継事業（分割承継
　　法人の分割前に行う事業のうちのいずれかの事業をいいます。）
　　とが相互に関連するものである場合には、この要件を満たします。

8　　分割法人の分割事業と分割承継法人の分割承継事業（その分割
　　事業と関連する事業に限られます。）のそれぞれの売上金額、分
　　割事業と分割承継事業のそれぞれの従業者の数若しくはこれらに
　　準ずるものの規模の割合がおおむね5倍を超えない場合には、こ
　　の要件を満たします。

9　　分割前の分割法人の役員等（役員及び社長、副社長、代表取締
　　役、代表執行役、専務取締役若しくは常務取締役に準ずる者で法
　　人の経営に従事している者をいいます。）のいずれかと分割承継
　　法人の特定役員（社長、副社長、代表取締役、代表執行役、専務
　　取締役若しくは常務取締役又はこれらに準ずる者で法人の経営に
　　従事している者をいいます。）のいずれかとが分割後に分割承継

法人の特定役員となることが見込まれている場合には、この要件を満たします。

10　次のそれぞれの場合には、この要件を満たします。

①　分割型分割の場合

分割型分割により交付される分割承継法人又は分割承継親法人のうちいずれか一方の法人の株式（議決権のないものを除きます。）のうち支配株主（分割型分割の直前に分割法人と他の者との間に当該他の者による支配関係がある場合における当該他の者及び当該他の者による支配関係があるもの（分割承継法人を除きます。）をいいます。）に交付されるものの全部が支配株主により継続して保有されることが見込まれている場合（支配株主が存在しない場合にはこの要件は課されません。）。

②　分社型分割

分割法人が分社型分割により交付される分割承継法人又は分割承継親法人のうちいずれか一方の法人の株式の全部を継続して保有することが見込まれている場合。

11　分割の直前に分割法人と他の者との間に当該他の者による支配関係がなく、かつ、分割後に分割承継法人と他の者との間に当該他の者による支配関係があることとなることが見込まれていない場合には、この要件を満たします。

12　分割前の分割法人の役員等（分割法人の重要な使用人（分割法人の分割事業に係る業務に従事している者に限ります。）を含みます。）のいずれかが分割後に分割承継法人の特定役員となることが見込まれている場合には、この要件を満たします。

八　課税関係

非適格分割の場合、分割法人から分割承継法人へ移転した資産及び負債が時価で譲渡したものとされ、譲渡損益が損金算入・益金算入されることになります（法法62①）[8]。適格分割の場合には、分割

8　完全支配関係がある間で行われる非適格分割については、いわゆるグループ法人税制の適用がある場合には、譲渡損益が繰り延べられ

法人の適格分割直前の資産及び負債の帳簿価額が合併法人に引き継がれることになり、譲渡損益は生じません（法法62の2②、62の3①）。

　分割型分割の分割法人の株主においては、その分割法人株式の譲渡の課税関係が生じます（株主は、分割対価の交付を受けるだけで実際には譲渡しませんが、その一部を譲渡したものとみなされます。）。また、非適格の分割型分割は、みなし配当の課税関係が生じます[9]。

　なお、分社型分割の場合には、分割法人の株主には分割対価が交付されませんので、分割法人の株主に課税関係は生じません。

　分割型分割の分割法人の株主の課税関係を整理すると下記のようになります（法法24①、法法61の2①④、法令23①二⑥⑦、119①六、二十七、119の3⑱⑲、119の4①、119の7の2③、119の8①）。

ることになります（法法61の13①）。その内容については、下記Ⅳ1を参照してください。

9　会社法上は、みなすまでもなく配当（剰余金の配当）ですが、法人税法上は、受取配当等の益金不算入の対象となる配当からいったん除外した上で、改めてみなし配当として受取配当等の益金不算入の対象としています（法法23①一、24①二）。

＜分割型分割の分割法人の株主の課税関係＞

分割型分割の パターン	譲渡課税	みなし配当課税
①　非適格分割 　　型分割で金銭 　　等不交付分割 　　型分割（注1） 　　に該当しない 　　場合	**時価譲渡（譲渡課税有り）** 譲渡対価＝対価の資産（分割承継法人株式等）の時価－みなし配当（注2） 分割承継法人株式等＝時価	**みなし配当課税有り**
	税務上の仕訳	
	（分割承継法人株式等）×× 　　（譲渡対価）　××－○○ 　　　　　　　　　　　　　　　　　（みなし配当）　　○○ （譲渡原価）　　　△△（注3）（分割法人株式）　△△	
②　非適格分割 　　型分割で金銭 　　等不交付分割 　　型分割に該当 　　する場合（注 　　4）	簿価譲渡（譲渡課税無し） 譲渡対価＝譲渡原価（分割法人株式の分割純資産対応帳簿価額） 分割承継法人株式＝分割法人株式の分割純資産対応帳簿価額＋みなし配当	**みなし配当課税有り**
	税務上の仕訳	
	（分割承継法人株式）△△＋○○ （譲渡対価）　　　△△ 　　　　　　　　　　　　　　　　　（みなし配当）　　○○ （譲渡原価）　　　　　　△△ （分割法人株式）　△△	
③　適格分割型 　　分割の場合	簿価譲渡（譲渡課税無し） 譲渡対価＝譲渡原価（分割法人株式の分割純資産対応帳簿価額） 分割承継法人株式＝分割法人株式の分割純資産対応帳簿価額	みなし配当課税無し
	税務上の仕訳	
	（分割承継法人株式）　△△ （譲渡対価）　　　△△ （譲渡原価）　　　　　　△△ （分割法人株式）　△△	

(注) 1　金銭等不交付分割型分割とは、分割対価資産として分割承継法人又は親法人（分割型分割直前に分割承継法人との間にその法人による完全支配関係がある法人をいいます。）のうちいずれか一の法人の株式以外の資産が交付されなかった分割型分割（その株式が分割法人の発行済株式（自己株式を除きます。）の総数のうちに占めるその分割法人の各株主の有する分割法人の株式の数の割合に応じて交付されたものに限ります。）をいいます。

2　みなし配当＝対価の資産の時価－分割法人の資本金等の額×分割純資産移転割合÷分割法人の分割型分割に係る株式の総数×その株主の分割型分割に係る分割法人株式の保有株数

分割純資産移転割合＝（移転資産の帳簿価額－移転負債の帳簿価額）÷（分割型分割の日の属する事業年度の前事業年度終了の時の分割法人の総資産の帳簿価額－総負債の帳簿価額）（小数点以下3位未満切上）

3　譲渡原価（分割純資産対応帳簿価額）＝分割法人株式の帳簿価額×分割純資産移転割合

4　無対価分割で分割承継法人株式の交付が省略されたと認められる一定の分割型分割（分割承継法人株式が交付された場合と比較して資本関係に差異がない分割型分割）の場合を含みます。この場合には、分割型分割により移転した資産負債の時価純資産価額（独立取引営業権、資産調整勘定、退職給与負債調整勘定、短期重要負債調整勘定、差額負債調整勘定の各金額を含みます。これらの金額については、下記Ⅴ4を参照してください。）を発行済株式（自己株式を除きます。）を分割法人の発行済株式（自己株式を除きます。）の総数で除し、これにその株主の分割法人株式の保有株数を乗じて計算した金額に相当する分割承継法人株式の交付を受けたものとみなして、みなし配当を計算します。

みなし配当＝交付を受けたものとみなされた分割承継法人株式の金額－分割法人の資本金等の額×分割純資産移転割合÷発行済株式（自己株式を除きます。）の総数×その株主の分割型分割に係る分割法人株式の保有株数

4　株式交換

(1)　会社法の規定

　株式会社がその発行済株式の全部を他の株式会社又は合同会社に取得させることをいいます（会社法 2 三十一）。株式交換は、株式と株式を交換する行為そのものをいうのではなく、株式会社が他の株式会社又は合同会社の100％子会社となる組織再編行為をいいます。株式交換を行う株式会社（他の株式会社又は合同会社の100％子会社となる株式会社）を株式交換完全子会社といい（会社法768①一）、その100％親会社となる会社を株式交換完全親会社といいます（会社法767）。

　株式会社は、株式交換をする場合においては、その株式交換完全親会社との間で、株式交換契約を締結することになります（会社法767）[10]。

　株式交換契約によりが株式交換行われた場合、株式交換完全子会社の株主の保有する株式は、全て株式交換完全親会社が取得することになります（会社法769①他）。その取得の対価として交付される資産は、株式交換完全親会社の株式が一般的ですが、特にその種類に制限はなく、金銭その他の資産を交付することが可能であり、対価を交付しないこと（無対価）も可能です（会社法768①二他）。

10　原則として当事者会社において株主総会の特別決議により株式交換契約の承認を要します（会社法783①、795①、309②十二）。

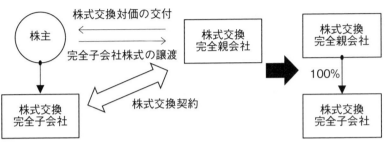

＜株式交換＞

(2)　法人税法の規定

イ　法人税法上の用語の意義

　法人税法上、株式交換によりその株主の有する株式を他の法人に取得させたその株式を発行した法人（会社法上の株式交換完全子会社に相当します。）を株式交換完全子法人といい（法法2十二の六）、株式交換により他の法人の株式を取得したことによってその法人の発行済株式の全部を有することとなった法人（会社法上の株式交換完全親会社に相当します。）を株式交換完全親法人といいます（法法2十二の六の三）。

ロ　適格要件

　適格株式交換[11]は、(1)完全支配関係がある場合の適格株式交換、

11　正確には、株式交換のほか、全部取得条項付種類株式、株式併合又は株式売渡請求の手法により少数株主を排除して法人間の100％親子関係（完全支配関係）を成立させる一定のもの（スクイーズアウト）を含めて、「適格株式交換等」といいますが（法法2十二の十七）、本項では、株式交換のみを対象として解説することからあえて「適格株式交換」と呼びます。

(2)支配関係がある場合の適格株式交換、(3)共同事業を行う場合の適格株式交換の３つの類型に分かれます。(1)完全支配関係がある場合と(2)支配関係がある場合を併せてグループ内組織再編と呼ばれています。適格要件は、下記の表のように整理されます（法法２十二の十七、法令４の３⑰〜⑳他）。なお、表の注書は、基本的な内容を示しており、これ以外に特例的な取扱いがあります。

<＜適格要件＞>

適格株式交換の類型	満たすべき要件
(1)　完全支配関係がある場合の適格株式交換	①　金銭等不交付要件（注１） ②　完全支配関係継続要件（注２）
(2)　支配関係がある場合の適格株式交換	①　金銭等不交付要件 ②　支配関係継続要件（注３） ③　従業者継続従事要件（注４） ④　事業継続要件（注５）
(3)　共同事業を行う場合の適格株式交換	①　金銭等不交付要件 ②　事業関連性要件（注６） ③　事業規模要件（注７）又は特定役員要件（注８） ④　従業者継続従事要件 ⑤　事業継続要件 ⑥　株式継続保有要件（注９） ⑦　株式交換後完全支配関係継続要件（注10)

(注)１　株式交換対価として株式交換完全親法人又は株式交換完全支配親法人（株式交換完全親法人との間にその法人による一定の完全支配関係がある法人をいいます。）のうちいずれか一の法人の株

式以外の資産（剰余金の配当として交付された金銭その他の資産及び株式交換に反対する株主に対するその買取請求に基づく対価として交付される金銭その他の資産を除きます。）が交付されない場合には、この要件を満たします。ただし、株式交換完全親法人が株式交換完全子法人の発行済株式（自己株式を除きます。）の３分の２以上を有する場合には、株式交換対価として金銭その他の資産を交付したとしてもこの要件を満たします。

2　株式交換前に株式交換完全子法人と株式交換完全親法人との間に完全支配関係があり、株式交換後にその完全支配関係が継続することが見込まれている場合には、この要件を満たします。

3　株式交換前に株式交換完全子法人と株式交換完全親法人との間に支配関係があり、株式交換後にその支配係が継続することが見込まれている場合には、この要件を満たします。

4　株式交換完全子法人の株式交換直前の従業者のおおむね80％以上が株式交換後に株式交換完全子法人の業務に引き続き従事することが見込まれている場合には、この要件を満たします。

5　株式交換完全子法人の主要な事業（(3)の場合には株式交換完全親法人の事業と関連するものに限られます。）が株式交換後に株式交換完全子法人において引き続き行われることが見込まれている場合には、この要件を満たします。

6　株式交換完全子法人の主要な事業のうちのいずれかの事業（「子法人事業」といいます。）と株式交換完全親法人のいずれかの事業（「親法人事業」といいます。）とが相互に関連する場合には、この要件を満たします。

7　株式交換完全子法人の子法人事業と株式交換完全親法人の親法人事業（子法人事業と関連するものに限られます。）のそれぞれの売上金額、従業者数若しくはこれらに準ずるものの規模の割合がおおむね５倍を超えない場合には、この要件を満たします。

8　株式交換完全子法人の特定役員（社長、副社長、代表取締役、代表執行役、専務取締役若しくは常務取締役又はこれらに準ずる者で法人の経営に従事している者をいいます。）の全てが株式交換に伴って退任するものでない場合には、この要件を満たします。

9　株式交換により交付される株式交換完全親法人又は株式交換完

全支配親法人のうちいずれか一の法人の株式（議決権のないもの
を除きます。）であって支配株主（株式交換の直前に株式交換完
全子法人と他の者との間に当該他の者による支配関係がある場合
における当該他の者及び当該他の者による支配関係があるもの
（株式交換完全親法人を除きます。）をいいます。）に交付される
もの（「対価株式」といいます。）の全部が支配株主により継続し
て保有されることが見込まれている場合には、この要件を満たし
ます（支配株主がいない場合にはこの要件は課されません）。

10　株式交換後に株式交換完全親法人と株式交換完全子法人との間
に株式交換完全親法人による完全支配関係が継続することが見込
まれている場合には、この要件を満たします。

八　課税関係

　適格株式交換の場合には、株式交換完全子法人に課税関係は生じ
ません。非適格株式交換の場合、株式交換完全子法人が保有する時
価評価資産について時価評価課税が行われ、評価損益が損金算入・
益金算入されることになります（法法62の9①）[12]。

　時価評価資産とは、固定資産、固定資産以外（棚卸資産）の土地
（土地の上に存する権利を含みます。）、有価証券、金銭債権及び繰
延資産のうち時価評価対象外資産以外のものをいい、時価評価対象
外資産とは、次に掲げる資産をいいます（法法62の9①、法令123
の11①）。

①　前5年内事業年度において圧縮記帳等の一定の規定の適用を
　　受けた減価償却資産

12　株式交換前に株式交換完全親法人と株式交換完全子法人との間に完
　全支配関係がある非適格株式交換については、いわゆるグループ法人
　税制の適用により、時価評価課税は行われません（法法62の9①）。
　その内容については、下記Ⅳ2を参照してください。

② 　売買目的有価証券（短期的な価格の変動を利用して利益を得る目的で取得した一定の有価証券）

③ 　償還有価証券（償還期限及び償還金額の定めのある一定の有価証券）

④ 　1単位[13]当たりの帳簿価額が1,000万円未満の資産

⑤ 　含み損益の金額が資本金等の額の2分の1に相当する金額又は1,000万円のいずれか少ない金額に満たない場合のその資産

⑥ 　完全支配関係がある他の内国法人（清算中のもの等の一定のものに限ります。）の株式又は出資で含み損が生じているもの

　また、株式交換完全子法人の株主においては、その株式交換完全子法人株式の譲渡に関して課税関係が生じます。なお、合併や分割型分割の場合と異なり、非適格株式交換であってもみなし配当は生じません。

　株式交換完全子法人の株主の課税関係を整理すると下記のようになります（法法61の2①⑨、法令119①九、二十七、119の3㉒、119の4①、119の7の2④⑤）。

13　1単位とは、例えば建物であれば1棟、土地であれば1筆（又は1団）、機械装置等であれば1台等となります（法規27の16の2、27の15①）。

＜株式交換完全子法人の株主の課税関係＞

株式交換の パターン	譲渡損益	みなし配当課税
①　非適格株式交換で金銭等不交付株式交換（注1）、特定無対価株式交換（注2）のいずれにも該当しない場合	**時価譲渡（譲渡課税有り）** 譲渡対価＝対価の資産（完全親法人株式等）の時価 完全親法人株式等＝時価	みなし配当無し
	税務上の仕訳	
	（完全親法人株式等）××　　　　（譲渡対価）　　　×× （譲渡原価）　　　　△△（注3）（完全子法人株式）△△	
②　非適格株式交換で金銭等不交付株式交換又は特定無対価株式交換に該当する場合	簿価譲渡（譲渡課税無し） 譲渡対価＝譲渡原価 完全親法人株式＝完全子法人株式の帳簿価額	みなし配当無し
	税務上の仕訳	
	（完全親法人株式）△△　　　　（譲渡対価）　　　△△ （譲渡原価）　　　△△　　　　（完全子法人株式）△△	
③　適格株式交換で金銭等不交付株式交換又は特定無対価株式交換に該当する場合	簿価譲渡（譲渡課税無し） 譲渡対価＝譲渡原価 完全親法人株式＝完全子法人株式の帳簿価額	みなし配当無し
	税務上の仕訳	
	（完全親法人株式）△△　　　　（譲渡対価）　　　△△ （譲渡原価）　　　△△　　　　（完全子法人株式）△△	
④　適格株式交換で上記③以外の場合	**時価譲渡（譲渡課税有り）** 譲渡対価＝対価の資産（完全親法人株式等）の時価 完全親法人株式等＝時価	みなし配当無し
	税務上の仕訳	
	（完全親法人株式等）××　　　（譲渡対価）　　　×× （譲渡原価）　　　△△　　　　（完全子法人株式）△△	

(注)1　金銭等不交付株式交換とは、株式交換完全親法人又は親法人（株式交換直前に株式交換完全親法人との間にその法人による完全支配関係がある法人をいいます。）のうちいずれか一の法人の株式以外の資産（剰余金の配当として交付された金銭その他の資産及び株式交換に反対する株主に対するその買取請求に基づく対価として交付される金銭その他の資産を除きます。）が交付されなかった株式交換（無対価株式交換を除きます。）をいいます。

2　特定無対価株式交換とは、株主に株式交換完全親法人株式その他の資産が交付されなかった株式交換で、株主に対する株式交換完全親法人株式の交付が省略されたと認められる一定の株式交換（株式交換完全親法人株式が交付された場合と比較して資本関係に差異がない株式交換）をいいます。

3　譲渡原価＝株式交換完全子法人株式の帳簿価額

5　株式移転

(1)　会社法の規定

　株式移転とは、一又は二以上の株式会社がその発行済株式の全部を新たに設立する株式会社に取得させることをいいます（会社法2三十二）。株式交換は、既存の会社同士で100％親子関係を作り出すための組織再編行為であるのに対して、株式移転は、100％親会社を新たに設立して既存の会社は、その100％子会社となる組織再編行為です。株式移転を行う株式会社（新設される株式会社の100％子会社となる株式会社）を株式移転完全子会社といい（会社法773①五）、新設される株式会社（100％親会社となる株式会社）を株式移転設立完全親会社といいます（会社法773①一）。

　株式移転は、株式移転を行う株式移転完全子会社が株式移転計画

を作成して行われます（会社法772①）[14]。2以上の株式移転完全子会社が共同して株式移転を行う場合には、共同して株式移転計画を作成することになります（会社法772②）。1の株式会社が行う株式移転は、単独株式移転と呼ばれます。

　株式移転計画により株式移転が行われた場合、株式移転完全子会社の株主の保有するその株式は、全て株式移転設立完全親会社が取得することになります（会社法774①）。その取得の対価として交付される資産は、株式移転設立完全親会社の株式となります（会社法773①五）[15]。株式交換と異なり、対価を交付しないこと（無対価）はできません。

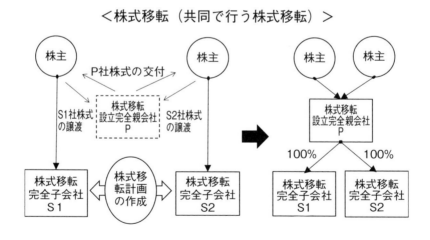

＜株式移転（共同で行う株式移転）＞

14　原則として当事者会社において株主総会の特別決議により株式移転計画の承認を要します（会社法804①、309②十二）。
15　株式と併せて株式移転設立完全親会社の社債、新株予約権、新株予約権付社債を交付することも可能です（会社法773①七）。

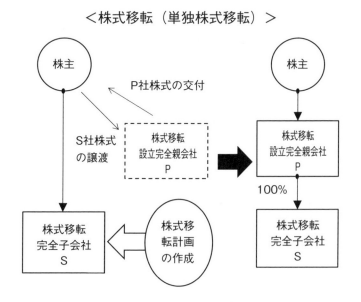

<株式移転（単独株式移転）>

(2)　法人税法の規定

イ　法人税法上の用語の意義

　法人税法、株式移転によりその株主の有する株式を株式移転により設立された法人に取得させたその株式を発行した法人（会社法上の株式移転完全子会社に相当します。）を、株式移転完全子法人といい（法法２十二の六の五）、株式移転により他の法人の発行済株式の全部を取得したその株式移転により設立された法人（会社法上の株式移転設立完全親会社に相当します。）を、株式移転完全親法人といいます（法法２十二の六の六）。

ロ　適格要件

　適格株式移転は、(1)完全支配関係がある場合の適格株式移転、(2)

支配関係がある場合の適格株式移転、⑶共同事業を行う場合の適格
株式移転の３つの類型に分かれます。⑴完全支配関係がある場合と
⑵支配関係がある場合を併せてグループ内組織再編と呼ばれていま
す。適格要件は、下記の表のように整理されます（法法２十二の十
八、法令４の３㉑〜㉔他）。なお、表の注書は、基本的な内容を示
しており、これ以外に特例的な取扱いがあります。

＜適格要件＞

適格株式移転の類型	満たすべき要件
⑴　完全支配関係がある場合の適格株式移転	①　金銭等不交付要件（注１） ②　完全支配関係継続要件（注２）
⑵　支配関係がある場合の適格株式移転	①　金銭等不交付要件 ②　支配関係継続要件（注３） ③　従業者継続従事要件（注４） ④　事業継続要件（注５）
⑶　共同事業を行う場合の適格株式移転	①　金銭等不交付要件 ②　事業関連性要件（注６） ③　事業規模要件（注７）又は特定役員要件（注８） ④　従業者継続従事要件 ⑤　事業継続要件 ⑥　株式継続保有要件（注９） ⑦　株式移転後完全支配関係継続要件（注10）

（注）１　株式移転対価として株式移転完全親法人株式以外の資産（株式
移転に反対する株主に対するその買取請求に基づく対価として交

付される金銭その他の資産を除きます。）が交付されない場合には、この要件を満たします。

2　株式移転前に各株式移転完全子法人との間に同一の者による完全支配関係があり、株式移転後に同一の者と株式移転完全親法人及び各株式移転完全子法人との間の完全支配関係が継続することが見込まれている場合には、この要件を満たします。単独株式移転の場合には、株式移転後に株式移転完全親法人と株式移転完全子法人との間の完全支配関係が継続することが見込まれている場合には、この要件を満たします。

3　株式移転前に各株式移転完全子法人の間に支配関係があり、株式移転後にその株式移転完全親法人及び各株式移転完全子法人の間の支配係が継続することが見込まれている場合には、この要件を満たします。

4　各株式移転完全子法人の株式移転直前の従業者のおおむね80％以上が株式移転後にその株式移転完全子法人の業務に引き続き従事することが見込まれている場合には、この要件を満たします。

5　各株式移転完全子法人の主要な事業（(3)の場合には相互に関連するものに限られます。）が株式移転後に各株式移転完全子法人において引き続き行われることが見込まれている場合には、この要件を満たします。

6　株式移転完全子法人の主要な事業のうちのいずれかの事業（「子法人事業」といいます。）と他の株式移転完全子法人の子法人事業とが相互に関連する場合には、この要件を満たします。

7　株式移転完全子法人の子法人事業と他の株式移転完全子法人の子法人事業（その子法人事業と関連するものに限られます。）のそれぞれの売上金額、従業者数若しくはこれらに準ずるものの規模の割合がおおむね5倍を超えない場合には、この要件を満たします。

8　株式移転完全子法人又は他の株式移転完全子法人のそれぞれの特定役員（社長、副社長、代表取締役、代表執行役、専務取締役若しくは常務取締役又はこれらに準ずる者で法人の経営に従事している者をいいます。）の全てが株式移転に伴って退任するものでない場合には、この要件を満たします。

9　株式移転により交付される株式移転完全親法人株式（議決権の
ないものを除きます。）であって支配株主（株式移転の直前に株
式移転完全子法人又は他の株式移転完全子法人と他の者との間に
当該他の者による支配関係がある場合における当該他の者及び当
該他の者による支配関係があるものをいいます。）に交付される
もの（「対価株式」といいます。）の全部が支配株主により継続し
て保有されることが見込まれている場合には、この要件を満たし
ます（支配株主がいない場合にはこの要件は課されません）。

10　株式移転後に株式移転完全子法人と他の株式移転完全子法人と
の間に株式移転完全親法人による完全支配関係が継続することが
見込まれている場合には、この要件を満たします。

八　課税関係

　適格株式移転の場合には、株式移転完全子法人に課税関係は生じ
ません。非適格株式移転の場合、株式移転完全子法人が保有する時
価評価資産について時価評価課税が行われ、評価損益が損金算入・
益金算入されることになります（法法62の9①）[16]。

　時価評価資産とは、固定資産、固定資産以外（棚卸資産）の土地
（土地の上に存する権利を含みます。）、有価証券、金銭債権及び繰
延資産のうち時価評価対象外資産以外のものをいい、時価評価対象
外資産とは、次に掲げる資産をいいます（法法62の9①、法令123
の11①）。

①　前5年内事業年度において圧縮記帳等の一定の規定の適用を
受けた減価償却資産

16　株式移転前に各株式交換完全子法人との間に完全支配関係がある非
適格株式移転については、いわゆるグループ法人税制の適用により、
時価評価課税は行われません（法法62の9①）。その内容については、
下記Ⅳ2を参照してください。

② 　売買目的有価証券（短期的な価格の変動を利用して利益を得る目的で取得した一定の有価証券）

③ 　償還有価証券（償還期限及び償還金額の定めのある一定の有価証券）

④ 　1単位[17]当たりの帳簿価額が1,000万円未満の資産

⑤ 　含み損益の金額が資本金等の額の2分の1に相当する金額又は1,000万円のいずれか少ない金額に満たない場合のその資産

⑥ 　完全支配関係がある他の内国法人（清算中のもの等の一定のものに限ります。）の株式又は出資で含み損が生じているもの

　また、株式移転完全子法人の株主においては、その株式移転完全子法人株式の譲渡に関して課税関係が生じます。なお、合併や分割型分割の場合と異なり、非適格株式移転であってもみなし配当は生じません。

　株式移転完全子法人の株主の課税関係を整理すると下記のようになります（法法61の2①⑪、法令119①十一、二十七）。

17　1単位とは、例えば建物であれば1棟、土地であれば1筆（又は1団）、機械装置等であれば1台等となります（法規27の16の2、27の15①）。

＜株式移転完全子法人の株主の課税関係＞

株式移転の パターン	譲渡損益	みなし配当課税
①　非適格株式移転で金銭等不交付要件を満たさない株式移転の場合	**時価譲渡（譲渡課税有り）** 譲渡対価＝対価の資産（完全親法人株式等）の時価 完全親法人株式等＝時価	みなし配当無し
	税務上の仕訳	
	（完全親法人株式等）××　　　　　（譲渡対価）　　　×× （譲渡原価）　　　　　△△（注）（完全子法人株式）△△	
②　非適格株式移転で金銭等不交付要件を満たす場合	簿価譲渡（譲渡課税無し） 譲渡対価＝譲渡原価 完全親法人株式＝完全子法人株式の帳簿価額	みなし配当無し
	税務上の仕訳	
	（完全親法人株式）△△　　　　　（譲渡対価）　　　△△ （譲渡原価）　　　　△△　　　（完全子法人株式）△△	
③　適格株式移転の場合	簿価譲渡（譲渡課税無し） 譲渡対価＝譲渡原価 完全親法人株式＝完全子法人株式の帳簿価額	みなし配当無し
	税務上の仕訳	
	（完全親法人株式）△△　　　　　（譲渡対価）　　　△△ （譲渡原価）　　　　△△　　　（完全子法人株式）△△	

（注）　譲渡原価＝株式移転完全子法人株式の帳簿価額

6 完全支配関係及び支配関係

適格要件のうちの完全支配関係継続要件、支配関係継続要件等を満たすか否かを判定するうえで、完全支配関係及び支配関係の意義は重要といえます。ここでは、完全支配関係及び支配関係の意義について解説します。

(1) 完全支配関係

イ 基本的内容

完全支配関係とは、次の2つの関係をいいます（法2十二の七の六、法令4の2②)。

① 当事者間の完全支配関係

一の者が法人の発行済株式[18]の全部を直接又は間接に保有する関係をいいます。例えば、下記の図では、PはSの発行済株式の全部を保有することから当事者間の完全支配関係が成立しています。

---

18 発行済株式の総数からは、発行法人自身が保有する自己株式は除外されます（法法2十二の七の五、法令4の2①)。さらに、いわゆる従業員持株会（民法の規定による組合方式のものに限ります。）が保有する株式又はストックオプションの行使により役員・使用人が保有する株式でそれら株式が発行済株式の5％未満の場合には、それら株式は除外されます（法令4の2②、法基通1−3の2−3)。

<当事者間の完全支配関係>

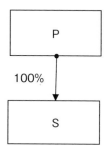

　また、間接に保有する関係とは、一の者が発行済株式の全部を保有する法人が保有する株式を一の者が保有するものとみなして判定します。例えば、下記の図では、Ｐは、Ｓ１の発行済株式の全部を保有することからＰとＳ１との間には当事者間の完全支配関係が成立しています。そして、Ｓ１が保有するＳ２の株式は、Ｐが保有するものとみなすことにより、ＰとＳ２との間には当事者間の完全支配関係が成立することになります。さらに、Ｓ１が保有するＳ３の株式及びＳ２の保有するＳ３の株式は、Ｐが保有するものとみなすことにより、ＰとＳ３との間には当事者間の完全支配関係が成立することになります。なお、Ｓ１は、Ｓ２の発行済株式の全部を保有することならＳ１とＳ２との間にも当事者間の完全支配関係が成立しています。また、Ｓ１とＳ３との間にも当事者間の完全支配関係が成立しています。

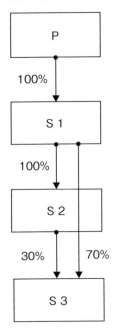

＜間接保有の関係＞

② 法人相互の完全支配関係

　一の者との間に上記①の関係（当事者間の完全支配関係）がある法人間の相互の関係をいいます。下記の図のＳ１とＳ２との関係がこれに当たります。ＰとＳ１との間、ＰとＳ２との間には、それぞれ当事者間の完全支配関係があることから、Ｓ１とＳ２との間には、法人相互の完全支配関係があります。

＜法人相互の完全支配関係＞

```
         ┌─────────┐
         │    P    │
         └────●────┘
        100% ↙   ↘ 100%
   ┌─────────┐  ┌─────────┐
   │   S 1   │  │   S 2   │
   └─────────┘  └─────────┘
```

□　一の者の意義

　一の者とは、個人であれば一の個人、法人であれば一の法人ということになります。ただし、個人の場合には、その一個人のみならずその個人と特殊関係がある次に掲げる者（特殊関係のある個人：法令4①）が含まれます（法令4の2②）。

① 　その個人の親族（6親等内の血族、配偶者及び3親等内の姻族：民法725）

② 　その個人と婚姻の届出をしていないが事実上婚姻関係と同様の事情にある者

③ 　その個人の使用人

④ 　①から③に掲げる者以外の者でその個人から受ける金銭その他の資産によって生計を維持しているもの

⑤ 　②から④に掲げる者と生計を一にするこれらの者の親族

　つまり、個人の場合には、親族等の単位で一の者と判断することになります。例えば、下記の図では、甲と乙は親子であり親族の関係となり、甲と乙をあわせて一の者とみることになります。そうす

ると、S1とS2との間には、一の者（甲・乙という親族）により完全支配される法人相互の完全支配関係があることになります。

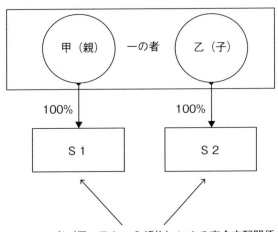

＜個人株主の場合の完全支配関係＞

一の者（甲・乙という親族）による完全支配関係
（法人相互の完全支配関係）

(2)　支配関係

イ　基本的内容

　支配関係とは、次の2つの関係をいいます（法2十二の七の五、法令4の2①)。

　①　当事者間の支配関係

　　一の者が法人の発行済株式[19]の50%超を直接又は間接に保有する関係をいいます。例えば、下記の図では、PはSの発行済株式

19　発行済株式の総数からは、発行法人自身が保有する自己株式は除外されます（法法2十二の七の五、法令4の2①)。

の50％超を保有することから当事者間の支配関係が成立しています。

＜当事者間の支配関係＞

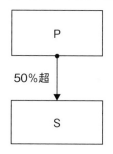

　また、間接に保有する関係とは、一の者が発行済株式の50％超を保有する法人が保有する株式を一の者が保有するものとみなして判定します。例えば、下記の図では、Ｐは、Ｓ１の発行済株式の50％超を保有することからＰとＳ１との間には当事者間の支配関係が成立しています。そして、Ｓ１は、Ｓ２の発行済株式の50％超を保有していますが、これは、Ｐが保有するものとみなすことにより、ＰとＳ２との間には当事者間の支配関係が成立することになります。さらに、Ｓ１が保有するＳ３の株式及びＳ２の保有するＳ３の株式は、Ｐが保有するものとみなすことにより（Ｓ１が保有する株数とＳ２が保有する株数を合わせると50％超になります。）、ＰとＳ３との間には当事者間の支配関係が成立することになります。なお、Ｓ１は、Ｓ２の発行済株式の50％超を保有することからＳ１とＳ２との間にも当事者間の支配関係が成立し

ています。また、Ｓ１とＳ３との間にも当事者間の支配関係が成
立しています。

<間接保有の関係>

```
        ┌──────────────┐
        │      P       │
        └──────┬───────┘
               │
      50%超    ▼
        ┌──────────────┐
        │     S 1      │
        └──────┬────┬──┘
               │    │
      50%超    ▼    │
        ┌──────────────┐
        │     S 2      │
        └──────┬─────┬─┘
               │     │
        X%     │     │  Y%
               ▼     ▼
        ┌──────────────┐
        │     S 3      │
        └──────────────┘
```

※X＋Y＞50, X≦50,Y≦50

② 法人相互の支配関係

　一の者との間に上記①の関係（当事者間の支配関係）がある法
人間の相互の関係をいいます。下記の図のＳ１とＳ２との関係が
これに当たります。ＰとＳ１との間 、ＰとＳ２との間には、そ
れぞれ当事者間の支配関係があることから、Ｓ１とＳ２との間に

は、法人相互の支配関係があります。

＜法人相互の支配関係＞

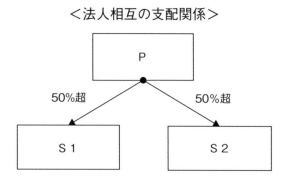

□　一の者の意義

　一の者とは、個人であれば一の個人、法人であれば一の法人ということになります。ただし、個人の場合には、その一個人のみならずその個人と特殊関係がある次に掲げる者（特殊関係のある個人：法令4①）が含まれます（法令4の2①）。

① その個人の親族（6親等内の血族、配偶者及び3親等内の姻族：民法725)

② その個人と婚姻の届出をしていないが事実上婚姻関係と同様の事情にある者

③ その個人の使用人

④ ①から③に掲げる者以外の者でその個人から受ける金銭その他の資産によって生計を維持しているもの

⑤ ②から④に掲げる者と生計を一にするこれらの者の親族

　つまり、個人の場合には、親族等の単位で一の者と判断すること

になります。例えば、下記の図では、甲と乙は親子であり親族の関
係となり、甲と乙をあわせて一の者とみることになります。そうす
ると、S1とS2との間には、一の者（甲・乙という親族）により
支配される法人相互の支配関係があることになります。

<個人株主の場合の支配関係>

一の者（甲・乙という親族）による支配関係
（法人相互の支配関係）

(3)　完全支配関係と支配関係との重複

　支配関係とは、先に説明したように、発行済株式の50％超を保有
する（される）という関係であり、これは発行済株式の全部（100
％）を保有する（される）という関係も含まれることになります。
　例えば、ある法人（A社）が他の法人（B社）の発行済株式の全
部を保有する場合、A社とB社との間には、完全支配関係が成立し

ていますが、同時に支配関係も成立しています。仮にこの法人間で組織再編税制の対象となる行為（例えば分割）を行った場合、分割後もＡ社とＢ社との間の完全支配関係が継続することが見込まれている場合には、完全支配関係継続要件を満たすものと判断されます。しかしながら、分割後にＡ社がその保有するＢ社株式の49％を資本関係のない他者に譲渡することが見込まれている場合（残りの51％は引き続き保有することが見込まれている場合）には、完全支配関係継続要件を満たしませんが、支配関係継続要件を満たすものと判断されます（分割前にＡ社とＢ社との間に支配関係があり、分割後もその支配関係が継続することが見込まれる状況に該当します。）。

　このように、100％の保有関係がある場合には、まずは完全支配関係に着目することになりますが、組織再編後に100％の保有関係は崩れるが50％超の保有関係は継続する場合には、支配関係に着目することになります。

　なお、先の例でＡ社が分割後にＢ社株式の50％超を譲渡することが見込まれている場合には、支配関係継続要件も満たさないことになりますので、この場合には、共同事業を行う場合の適格分割の適格要件を満たすか否かを検討することになります。

＜支配関係の継続が見込まれる場合＞

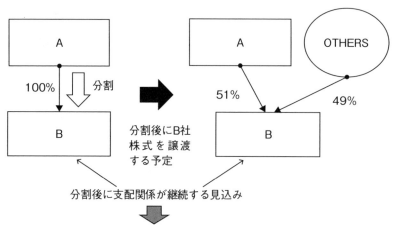

支配関係がある場合の適格要件の充足の可否を判断する

＜支配関係の継続が見込まれない場合＞

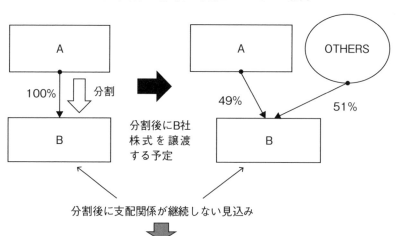

共同事業を行う場合の適格要件の充足の可否を判断する

7　繰越欠損金の引継ぎ及び利用制限

　適格組織再編成は、組織再編成の前後で課税関係を継続させることを主眼としていることから、適格合併の場合、被合併法人の繰越欠損金は、基本的に合併法人に引き継がれることになります。ただし、それによる租税回避行為が生じる恐れがあることから、その防止するための規定があります。ここでは、適格合併等による繰越欠損金の引継ぎ等の概要について解説します（根拠条文は、青色申告法人の場合を前提とします。）。

(1)　適格合併による繰越欠損金の引継ぎ

　適格合併が行われた場合には、被合併法人の適格合併の日前10年[20]以内に開始した各事業年度において生じた欠損金額で控除されずに繰り越されてきたもの（「未処理欠損金額」といいます。）があるときは、その未処理欠損金額が生じた被合併法人の事業年度に対応する合併法人の事業年度において生じた欠損金額とみなすこととされています（法法57②）。すなわち、被合併法人の未処理欠損金額を合併法人が引き継ぐこととなります。

20　平成30年３月31日以前に開始した事業年度（平成20年４月１日以後に終了した事業年度に限ります。）において生ずる欠損金額については、「前10年」が「前９年」となります（経済社会の構造の変化に対応した税制の構築を図るための所得税法等の一部を改正する法律（平成23年法律第114号）附則14、所得税法等の一部を改正する法律（平成27年法律第９号）附則27①）。

(2)　繰越欠損金額の引継ぎの制限

　租税回避防止の観点から合併法人と被合併法人との間に支配関係
がある場合には、その支配関係が適格合併の日の属する事業年度開
始の日の 5 年前の日から継続している場合[21]又はその適格合併がみ
なし共同事業要件（下記(3)を参照してください。）を満たす場合を
除き、以下のように繰越欠損金額の引継ぎの制限が課されています
（法法57③、法令112④⑤）。

　①　支配関係が生じた日[22]の属する事業年度（支配関係事業年度）
　　前の各事業年度の未処理欠損金額

　　　これらの未処理欠損金額は、一切引き継ぐことができません
　　（切り捨てられます。）。

　②　支配関係事業年度以後の各事業年度の未処理欠損金額

　　　これらの未処理欠損金額のうち特定資産譲渡等損失額（支配
　　関係事業年度開始の日前から有していた一定の資産の譲渡等に
　　より生じた損失の金額をいいます。下記 8 を参照してくださ
　　い。）に相当する金額から成る部分の金額は、引き継ぐことが

21　この場合以外に、その支配関係が合併法人若しくは被合併法人の設
　立の日のうち最も遅い日から継続している場合（租税回避的な一定の
　組織再編成等を行っていた場合を除きます。）も同様の取扱いになり
　ます。これは、例えば、子法人として設立した法人を設立から 5 年経
　たずに合併するような場合が該当します。
22　支配関係が生じた日（又は時）とは、厳密には、最後に支配関係が
　あることとなった日（又は時）とされ、例えば、ある法人（Ａ、Ｂ）
　間で支配関係が生じたもの、いったんその支配関係が消滅し、その後
　またＡ、Ｂ間で支配関係が生じてその支配関係が継続している場合に
　は、その最後に支配関係が生じた日（又は時）を指します（法基通12
　－ 1 － 5 ）。下記 8 において同じです（法基通12の 2 － 2 － 5 ）。

できません（切り捨てられます。）。

　例えば、株式買収により支配関係が生じる場合、買収前に生じていた未処理欠損金額は切り捨てられ、買収後の未処理欠損金額であっても、買収前から保有する一定の資産の含み損が実現したことにより生じたものは、切り捨てられることになります。

　ただし、買収から5年を経過した後に合併する場合、あるいは、子法人として設立した法人を設立から5年経たずに合併するような場合には、切り捨てられることはないということになります。

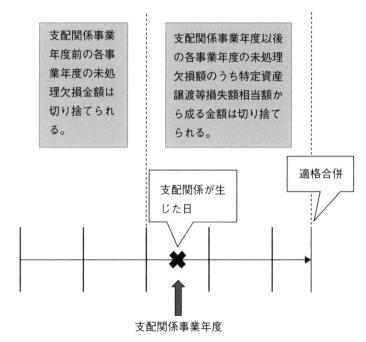

＜未処理欠損金額の切捨て＞

(3)　みなし共同事業要件

　みなし共同事業要件とは、共同事業を行うための適格合併の要件に準ずる要件であり、具体的には次の①から④の要件を充足すること又は①及び⑤の要件を充足することをいいます（法令112③）。

　つまり、①は必須の要件であり、そのほかに②から④の要件を満たすこと又は⑤の要件を満たすことでみなし共同事業要件に該当することになります。

　①　事業関連性要件

　　被合併法人の被合併事業（被合併法人の適格合併の前に行う主要な事業のうちのいずれかの事業をいいます。）と合併法人（合併法人が適格合併により設立された法人である場合にあっては、他の被合併法人となります。）の合併事業（合併法人の適格合併の前に行う事業（合併法人が適格合併により設立された法人である場合にあっては、他の被合併法人の被合併事業）のうちのいずれかの事業をいいます。）とが相互に関連する場合には、この要件を満たすことになります。

　　これは、共同事業を行うための適格合併における適格要件の1つである事業関連性要件（上記2(2)ロを参照してください。）と同じ内容となっています。

　②　事業規模要件

　　被合併事業と合併事業（被合併事業と関連する事業に限ります。）のそれぞれの売上金額、被合併事業と合併事業のそれぞれの従業者の数、被合併法人と合併法人のそれぞれの資本金の額又はこれらに準ずるものの規模の割合がおおむね5倍を超えない場

合には、この要件を満たすことになります。

　これは、共同事業を行うための適格合併における適格要件の１つである事業規模要件（上記２⑵ロを参照してください。）と同じ内容になっています。

③　被合併事業の規模継続要件

　被合併事業が被合併法人と合併法人との間に支配関係が発生した時（「被合併法人支配関係発生時」といいます。）から適格合併の直前の時まで継続して行われており、かつ、被合併法人支配関係発生時と適格合併の直前の時における被合併事業の規模（上記②の規模の割合の計算の基礎とした指標に係るものに限ります。）の割合がおおむね２倍を超えない場合には、この要件を満たすことになります。

　すなわち、被合併事業が支配関係発生時から適格合併の直前まで継続して営まれており、かつ、上記②で使用した指標の規模の変化がおおむね２倍の範囲内である場合には、この要件を満たすことになります。

④　合併事業の規模継続要件

　合併事業が合併法人と被合併法人との間に支配関係が発生した時（「合併法人支配関係発生時」といいます。）から適格合併の直前の時まで継続して行われており、かつ、合併法人支配関係発生時と適格合併の直前の時における合併事業の規模（上記②の規模の割合の計算の基礎とした指標に係るものに限ります。）の割合がおおむね２倍を超えない場合には、この要件を満たすことになります。

　すなわち、合併事業が支配関係発生時から適格合併の直前まで継続して営まれており、かつ、上記②で使用した指標の規模の変化がおおむね2倍の範囲内である場合には、この要件を満たすことになります。

⑤　特定役員要件

　被合併法人の適格合併の前における特定役員（社長、副社長、代表取締役、代表執行役、専務取締役若しくは常務取締役又はこれらに準ずる者で法人の経営に従事している者をいいます。）である者のいずれかの者（被合併法人が合併法人と支配関係が生じた日前（支配関係が被合併法人又は合併法人の設立により生じたものである場合には、同日。）において被合併法人の役員又は上記の「これらに準ずる者」で同日において被合併法人の経営に従事していた者に限ります。）と合併法人の適格合併の前における特定役員である者のいずれかの者（支配関係が生じた日前において合併法人の役員又は上記の「これらに準ずる者」で同日において合併法人の経営に従事していた者に限ります。）とが適格合併の後に合併法人（適格合併が法人を設立するものである場合には、適格合併により設立された法人）の特定役員となることが見込まれている場合には、この要件を満たすことになります。

　この要件をまとめると、下記の表のとおりとなります。

<特定役員要件>

	支配関係が生じた日前	適格合併の直前	適格合併後
合併法人	合併法人の役員若しくは「これらに準ずる者」（常務取締役以上の役員に準ずる者）で同日に経営に従事している者である。	合併法人の特定役員である。	合併法人の特定役員となることが見込まれている。
被合併法人	被合併法人の役員若しくは「これらに準ずる者」で同日に経営に従事している者である。	被合併法人の特定役員である。	合併法人の特定役員となることが見込まれている。

(4)　繰越欠損金額の利用の制限

　合併法人自身の繰越欠損金についてもその利用が制限される（切り捨てられる）場合があります。これは、本来被合併法人となるべき法人と合併法人とする、いわゆる逆さ合併により、上記の繰越欠損金の引継制限を潜脱することを防止するための規定です。その規定の内容は、被合併法人の未処理欠損金額の引継制限と同様の規定ぶりとなっています（法法57④、法令112⑨⑩⑪）。

　なお、この制限規定は、適格合併のみならずグループ法人税制の適用を受ける非適格合併（下記Ⅳ1(5)を参照してください。）、適格分割、適格現物出資、適格現物分配の場合も適用されます。これは、適格合併のみならず適格分割等により分割承継法人等の繰越欠損金を利用することによる租税回避行為を防止するためのものです。

8　特定資産譲渡等損失額の損金不算入

　適格組織再編成は、帳簿価額により引継ぎ若しくは譲渡するため、移転資産の含み損が合併法人等に引き継がれることになります。その含み損を利用した租税回避行為を防止する観点から、一定の場合において、合併法人等が移転を受けた含み損のある資産を譲渡等により損失として実現させたときには、その損失の額については損金不算入とすることとなっています。また、被合併法人等から引き継ぐ場合のほかに、合併法人等が有している含み損のある資産の譲渡等による損失についても同じ取扱いになっています。ここでは、この規定の概要について解説します。

(1)　損金不算入となる場合

　内国法人と支配関係がある法人（「支配関係法人」といいます。）との間で、その内国法人を合併法人、分割承継法人、被現物出資法人または被現物分配法人とする適格合併、グループ法人税制の適用を受ける非適格合併（下記Ⅳ 1 (5)を参照してください。）、適格分割、適格現物出資又は適格現物分配のうちみなし共同事業要件（上記 7 (3)を参照してください。）を満たさないもの（「特定適格組織再編成等」といいます。）が行われた場合には、その支配関係がその内国法人の特定適格組織再編成等の日[23]の属する事業年度（「特定組織

23　その特定適格組織再編成等が残余財産の全部の分配である場合には

再編成事業年度」といいます。）開始の日の5年前の日から継続している場合[24]を除き、適用期間（特定組織再編成事業年度開始の日から同日以後3年を経過する日[25]までの期間をいいます。）において生じた特定資産譲渡等損失額は、損金の額に算入しないこととされています（法法62の7①、法令123の8①）。

(2)　特定資産譲渡等損失額

特定資産譲渡等損失額とは、次に掲げる金額の合計額をいいます（法法62の7②、法令123の8④⑮）。

① 内国法人が支配関係法人から特定適格組織再編成等により移転を受けた資産で支配関係法人が支配関係発生日（支配関係が生じた日をいいます。）前から有していたもの（「特定引継資産」といいます。）の譲渡、評価換え、貸倒れ、除却その他これらに類する一定の事由[26]による損失の額の合計額から特定引継資産の譲渡または評価換えによる利益の額の合計額を控除した金額

残余財産の確定の日の翌日となります。

24　この場合以外に、その支配関係が内国法人若しくは支配関係法人の設立の日のうち最も遅い日から継続している場合（租税回避的な一定の組織再編成等を行っていた場合を除きます。）も同様の取扱いになります。これは、例えば、子法人として設立した法人を設立から5年経たずに合併するような場合が該当します。

25　その経過する日が支配関係の生じた日以後5年を経過する日後となる場合には、その5年を経過する日となります。

26　例えば、災害による資産の滅失・損壊、法的整理手続や一定の私的整理手続における譲渡等、減価償却資産の除却（減価償却を行っていなかったこと等により、通常どおりの減価償却を行っていた場合の2倍超となる帳簿価額のものを除きます。）その他一定のものは、この一定の事由には含まれません。これは下記の②においても同様です。

②　内国法人が支配関係発生日の属する事業年度開始の日前から有していた資産（「特定保有資産」といいます。）の譲渡、評価換え、貸倒れ、除却その他これらに類する事由による損失の額の合計額から特定保有資産の譲渡または評価換えによる利益の額の合計額を控除した金額

(3)　特定引継資産・特定保有資産から除外されるもの

次の①から⑥の資産は、特定引継資産から除外され、次の①から⑤の資産は、特定保有資産から除外されます（法令123の 8 ③⑭）。

①　棚卸資産（土地及び土地の上に存する権利を除きます。）

②　短期売買商品等[27]

③　売買目的有価証券[28]

④　特定適格組織再編成等の日（特定保有資産の場合には特定適格組織再編成等の日の属する事業年度開始の日）における帳簿価額又は取得価額が1,000万円に満たない資産

⑤　支配関係発生日の属する事業年度開始の日以後に有することとなった資産及び同日において含み損がない資産（一定の申告要件等を満たすものに限られます。）

⑥　グループ法人税制の適用を受ける非適格合併（下記Ⅳ 1 (5)を参照してください。）により移転を受けた資産で譲渡損益調

27　短期売買商品等とは、短期的な価格の変動を利用して利益を得る目的で取得した一定の資産及び資金決済に関する法律に規定する暗号資産をいいます（法法61①）。

28　短期的な価格の変動を利用して利益を得る目的で取得した一定の有価証券をいいます（法法61の 3 ①）。

整資産（下記Ⅳ1⑵を参照してください。）以外のもの

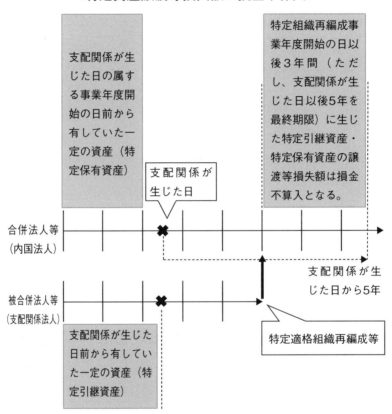

＜特定資産譲渡等損失額の損金不算入＞

| 9 | 欠損等法人に係る繰越欠損金の切捨て及び譲渡損等の損金不算入 |

　繰越欠損金や資産の含み損を有する法人を利用した租税回避行為
は、必ずしも合併等の組織再編成を行うものに限られません。例え

ば、そのような法人の株式を買収して子法人としたうえで、新たに
資金等を投入して新事業を始めさせてそれによる利益と繰越欠損金
や含み損を通算させて租税回避を行うというようなことがあり得ま
す。そこで、欠損等法人と呼ばれる一定の法人の繰越欠損金は切り
捨てられ、含み損を譲渡等により実現させた場合の譲渡損等は損金
不算入とする租税回避防止規定が設けられています。この規定は、
組織再編税制とも関連する内容であることから、本項で取り上げる
こととし、その規定の概要について解説します。

(1)　欠損等法人の意義

イ　内容

　この租税回避防止規定の対象となる欠損等法人とは、内国法人で
他の者との間に当該他の者による下記ロの特定支配関係を有するこ
ととなったもののうち、特定支配関係を有することとなった日（「特
定支配日」といいます。）の属する事業年度（「特定支配事業年度」
といいます。）において特定支配事業年度前の各事業年度において
生じた繰越欠損金又は下記ハの評価損資産を有するものをいいます
（法法57の2①）。

ロ　特定支配関係

　特定支配関係とは、他の者（その者の組合関連者[29]を含みます。）

---

[29]　組合関連者とは、一の法人又は個人が締結している組合契約等（民
　法第667条第1項に規定する組合契約、投資事業有限責任組合契約に
　関する法律第3条第1項に規定する投資事業有限責任組合契約及び有
　限責任事業組合契約に関する法律第3条第1項に規定する有限責任事

と法人との間の当該他の者による支配関係をいい、当該他の者とその法人との間に同一者支配関係[30]がある場合における支配関係を除きます。また、次に掲げる事由により生じたものは、特定支配関係には該当しないものとされています（法法57の2①、法令113の2①⑤）。

① 適格合併、適格分割若しくは適格現物出資又は適格株式交換等若しくは適格株式移転（内国法人（他の者との間に当該他の者による特定支配関係があるものに限ります。）が関連者（他の者との間に当該他の者による特定支配関係がある者をいいます。）との間にその関連者による支配関係（両者の間に同一者支配関係がある場合のものを除きます。）を有することとなるもの[31]を除きます。）

業組合契約並びに外国におけるこれらの契約に類する契約（「組合契約」といいます。）をいい、次に掲げるものを含みます。）に係る他の組合員である者をいいます（法令113の2④）。
① 法人又は個人が締結している組合契約による組合（これに類するものを含みます。）が締結している組合契約
② ①又は③に掲げる組合契約による組合が締結している組合契約
③ ②に掲げる組合契約による組合が締結している組合契約
30 同一者支配関係とは、法人である当該他の者とその法人との間に同一の者による支配関係がある場合における支配関係をいい（法令113の2②）、この同一の者の組合関連者（その同一の者が個人である場合には、その個人との間に特殊の関係のある個人の組合関連者を含みます。）の有する当該他の者又はその法人の株式は、その同一の者が有するものとみなされます（法令113の2③）。例えば、親法人、子法人、孫法人の支配関係がある場合には、親法人と子法人、親法人と孫法人との関係は、特定支配関係に該当しますが、子法人と孫法人との関係は、同一者支配関係であり特定支配関係には該当しません（財務省「平成18年度税制改正の解説」353頁）。
31 例えば、親法人、子法人、孫法人の支配関係がある場合に、子法人

　②　内国法人について債務処理計画（更生手続開始の決定その他
　　一定の法的整理手続又は私的整理手続に関して策定された債務
　　処理に関する計画をいいます。）に基づいて行われる内国法人
　　の株式の発行又は譲渡

八　評価損資産

　評価損資産とは、法人が特定支配事業年度開始の日において有す
る次に掲げる資産で同日における価額が同日における帳簿価額に満
たないもの（その満たない金額がその法人の資本金等の額の1／2
に相当する金額と1,000万円とのいずれか少ない金額に満たないも
のを除きます。）をいいます（法法57の2①、法令113の2⑥）。

　①　固定資産
　②　固定資産以外（棚卸資産）の土地（土地の上に存する権利を
　　含みます。）
　③　有価証券（売買目的有価証券[32]及び償還有価証券[33]を除きま
　　す。）
　④　金銭債権
　⑤　繰延資産
　⑥　その他一定の資産

　を合併法人、親法人を被合併法人とする適格合併が行われた場合がこ
　れに当たります（財務省「平成18年度税制改正の解説」353頁）。
32　短期的な価格の変動を利用して利益を得る目的で取得した一定の有
　価証券をいいます（法法61の3①一）。
33　償還期限及び償還金額の定めのある一定の有価証券をいいます（法
　令119の14）。

⑵　欠損等法人の繰越欠損金の利用制限

　欠損等法人が、特定支配日以後5年を経過した日の前日まで（株式の譲渡等により当該他の者による特定支配関係を有しなくなった場合、欠損等法人の債務につき一定の債務の免除その他の行為（「債務免除等」といいます。）があったことその他一定の事実が生じた場合には、これらの事実が生じた日まで）に次に掲げる発動事由に該当する場合には、その該当することとなった日（④に掲げる事由のうち適格合併に該当する場合にあっては、適格合併の日の前日。）の属する事業年度（「適用事業年度」といいます。）以後の各事業年度においては、適用事業年度前の各事業年度において生じた欠損金額については、切り捨てられることになり繰越控除に利用することはできません（法法57の2①、法令113の2⑲）。

①　欠損等法人が特定支配日の直前において事業を営んでいない場合（清算中の場合を含みます。）において、特定支配日以後に事業を開始すること（清算中の欠損等法人が継続することを含みます。）。

②　欠損等法人が特定支配日の直前において営む事業（「旧事業」といいます。）の全てを特定支配日以後に廃止し、又は廃止することが見込まれている場合において、旧事業の特定支配日の直前における事業規模[34]（売上金額、収入金額その他の事業の

34　事業規模は、原則として次に掲げる事業の区分に応じそれぞれに掲げる金額（事業が2以上ある場合には、それぞれの事業の区分に応じそれぞれに掲げる金額の合計額）となります（法令113の2⑪）。

①　資産の譲渡を主な内容とする事業
　　その事業の事業規模算定期間（欠損等法人の支配日直前期間（欠

種類に応じた一定のものをいいます。）のおおむね5倍を超える資金の借入れ又は出資による金銭その他の資産の受入れ（合併又は分割による資産の受入れを含みます。「資金借入れ等」といいます。）を行うこと。

③　当該他の者又は当該他の者との間に当該他の者による特定支配関係（欠損等法人との間の当該他の者による特定支配関係を除きます。）がある者（「関連者」といいます。）が当該他の者及び関連者以外の者から欠損等法人に対する特定債権[35]を取得している場合（特定支配日前に特定債権を取得している場合を含み、特定債権につき特定支配日以後に債務免除等を行うことが見込まれている場合その他の一定の場合を除きます。この場合を「特定債権が取得されている場合」といいます。）におい

損等法人の特定支配日の1年前の日から特定支配日までの期間をいいます。）又は支配日直前事業年度等（欠損等法人の特定支配日の属する事業年度の直前の事業年度をいいます。）をいいます。）における資産の譲渡による売上金額その他の収益の額の合計額（支配日直前事業年度等が1年に満たない場合には、年換算した金額。）

②　資産の貸付けを主な内容とする事業

その事業の事業規模算定期間における資産の貸付けによる収入金額その他の収益の額の合計額（支配日直前事業年度等が1年に満たない場合には、その合計額を年換算した金額。）

③　役務の提供を主な内容とする事業

その事業の事業規模算定期間における役務の提供による収入金額その他の収益の額の合計額（支配日直前事業年度等が1年に満たない場合には、年換算した金額。）

35　欠損等法人に対する債権でその取得の対価の額が債権の額の50％に相当する金額に満たない場合で、かつ、債権の額（欠損等法人の債権で当該他の者又は関連者が既に取得しているものの額を含みます。）の取得の時における欠損等法人の債務の総額のうちに占める割合が50％を超える場合における債権をいいます（法令113の2⑰）。

て、欠損等法人が旧事業の特定支配日の直前における事業規模のおおむね５倍を超える資金借入れ等を行うこと。

④　①若しくは②の場合又は③の特定債権が取得されている場合において、欠損等法人が自己を被合併法人とする適格合併を行い、又は欠損等法人（他の内国法人との間に当該他の内国法人による完全支配関係があるものに限ります。）の残余財産が確定すること。

⑤　欠損等法人が特定支配関係を有することとなったことに基因して、欠損等法人の特定支配日の直前の役員（社長、副社長、代表取締役、代表執行役、専務取締役若しくは常務取締役又はこれらに準ずる者で法人の経営に従事している者に限ります。）の全てが退任（業務を執行しないものとなることを含みます。）をし、かつ、特定支配日の直前において欠損等法人の業務に従事する使用人（「旧使用人」といいます。）の総数のおおむね20％以上に相当する数の者が欠損等法人の使用人でなくなった場合において、欠損等法人の非従事事業（旧使用人が特定支配日以後その業務に実質的に従事しない事業をいいます。）の事業規模が旧事業の特定支配日の直前における事業規模のおおむね５倍を超えることとなること[36]。

36　欠損等法人の事業規模算定期間における非従事事業の事業規模が事業規模算定期間の直前の事業規模算定期間における非従事事業の事業規模のおおむね５倍を超えない場合を除きます（法令113の２⑳）。
　　この場合の事業規模算定期間とは、欠損等法人の特定支配日以後の期間を１年ごとに区分した期間又は支配日以後事業年度等（欠損等法人の特定支配日の属する事業年度以後の事業年度をいいます。）となり、支配日以後事業年度等が１年に満たない場合の事業規模は、年換算した金額となります（法令113の２⑪）。

⑶　特定資産の譲渡等損失額の損金不算入

　欠損等法人の適用事業年度開始の日から同日以後3年を経過する日（その経過する日が特定支配日以後5年を経過する日後となる場合にあっては、同日）までの期間において生ずる特定資産（評価損資産の内容と同じです。）の譲渡、評価換え、貸倒れ、除却その他これらに類する事由（「譲渡等特定事由」といいます。）による損失の額（譲渡等特定事由が生じた日の属する事業年度の適用期間において生ずる特定資産の譲渡又は評価換えによる利益の額がある場合には、その利益の額を控除した金額）は、欠損等法人の各事業年度の所得の金額の計算上、損金の額に算入しないこととされています（法法60の3①、法令118の3②）。

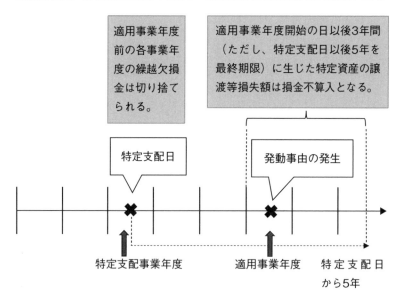

＜欠損等法人に係る繰越欠損金の切捨て・特定資産の譲渡等損失額の損金不算入＞

II 株式交付制度の基本

　上記Ⅰ1(2)で説明したように、会社法の組織再編行為の一つである株式交付は、法人税法の組織再編税制の対象とはなっていません。しかしながら、租税特別措置法において一定の課税の特例が設けられており（令和3年度税制改正により導入されました。）、M＆Aを考えるうえでは非常に重要といえます。

　なお、株式交付は、会社法上、令和3年3月1日から適用が開始されており（会社法の一部を改正する法律（令和元年法律第70号）附則1、会社法の一部を改正する法律の施行期日を定める政令（令和2年政令第325号））、その課税の特例は、令和3年4月1日以後に行われるものについて適用されます（所得税法等の一部を改正する法律（令和3年法律第11号）附則36⑤、53、69）。

　ここでは、株式交付の概要及び課税の特例について解説します。

1 会社法の規定

(1) 概要

　株式交付とは、株式会社が他の株式会社をその子会社とするために当該他の株式会社の株式を譲り受け、その株式の譲渡人に対してその株式の対価としてその株式会社の株式を交付することをいいま

す（会社法2三十二の二）。株式交付をする株式会社を株式交付親会社といい（会社法774の3①一）、株式交付親会社が株式交付に際して譲り受ける株式を発行する株式会社を株式交付子会社といいます（会社法774の3①一）。

　子会社とは、会社がその総株主の議決権の過半数を有する株式会社その他のその会社がその経営を支配している法人として一定のものをいいますが（会社法2三）、この場合には、他の会社等[37]の議決権の総数に対する自己[38]の計算において所有している議決権の数の割合が50％を超えている場合のものに限定されています（会社法2三十二の二かっこ書、会社法施行規則3③一、4の2）。

　すなわち、株式交付とは、議決権割合で50％以下の株式会社を議決権割合で50％超の子会社とするために、その株式会社の株主に対して、その株式の取得の対価として自社株式を交付することをいいます。

　株式交付は、株式交付完全親会社が株式交付計画を作成すること

37　次に掲げる会社等であって、有効な支配従属関係が存在しないと認められるものを除きます。
　①　民事再生法の規定による再生手続開始の決定を受けた会社等
　②　会社更生法の規定による更生手続開始の決定を受けた株式会社
　③　破産法の規定による破産手続開始の決定を受けた会社等
　④　その他①から③までに掲げる会社等に準ずる会社等
　　なお、会社等の定義自体には、日本の会社の他に外国会社や組合その他これらに準ずる事業体が含まれますが（会社法施行規則2③二）、株式交付子会社となる子会社は、日本の株式会社に限られます。
38　その子会社及び子法人等（会社以外の会社等が他の会社等の財務及び事業の方針の決定を支配している場合における当該他の会社等をいいます。）を含みます。

により行われます（会社法774の2）[39]。株式交付の対価は、株式交付親会社の株式を交付することは必須となりますが、金銭その他の資産を株式と合わせて交付することも可能です（会社法774の3①五）。

　株式交付に応じて株式交付子会社の株式を株式交付親会社に譲渡するか否かは、各株主の自由であり、株式交換・株式移転のようにその意思に反して強制的に譲渡させられることはありません。

<＜株式交付＞>

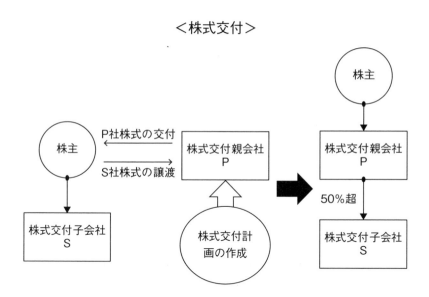

(2)　株式交付と現物出資規制等の関係

　他の株式会社の株式（対象会社株式）の取得の対価として自社株

39　株式交付親会社は、原則として効力発生日の前日までに、株主総会の特別決議によって、株式交付計画の承認を受けることを要します（会社法816の3①、309②十二）。

式を交付することは、基本的に買収会社が対象会社株式の現物出資を受けて自社株式を交付（新株発行又は自己株式の処分）するという法律構成となります（会社法199①三他）。現物出資であることから次に掲げる会社法上の規制・責任が課せられる可能性があります。

① 　現物出資財産（対象会社株式）の価額を調査するための検査役の選任の申立等（会社法207）

② 　払込金額（給付する対象会社株式の価額）が募集株式を引き受ける者（現物出資に応ずる対象会社の株主）に特に有利な金額である場合の有利発行決議（会社法199③）

③ 　不公正な払込金額で株式を引き受けた者の価額填補責任（会社法212）

④ 　出資された財産等の価額が不足する場合の取締役等（買収会社の取締役等）の価額填補責任（会社法213）

　株式交付は、これを組織再編行為の一つとして位置付けて他の組織再編行為と同様の規制に服することとし、現物出資の規制・責任とは切り離すこととしたといえます。

　なお、株式交付制度が創設される前から、産業競争力強化法に規定する事業再編計画又は特別事業再編計画のいずれかについて主務大臣の認定を受けて、その認定を受けた計画（認定計画）に従って行う場合には、こうした現物出資の規制・責任が免除されてきました（産業競争力強化法32）。株式交付制度が適用開始された以後もこの産業競争力強化法による特例を適用することは可能です（ただし、同法の改正により特別事業再編計画は廃止されます。）。なお、この特例の場合には、対象会社が日本の株式会社に限定されており

ず、外国の会社を対象会社として行うことができます。実際に外国
の会社を対象会社とした例があります（データセクション株式会社
による事業再編計画。経済産業省HP事業再編計画認定案件参照）[40]。

　一方、株式交付の場合には、産業競争力強化法の場合と異なり、
主務大臣の認定を受ける必要はありませんが、対象会社は、日本の
株式会社に限定されており、外国の会社を対象会社とすることはで
きません。

(3)　株式交換との相違点

　自社株式を対価として対象会社株式を取得する方法は、株式交付
のほかに株式交換があります。上記Ⅰ4で説明したように、株式交
換とは、株式会社がその発行済株式の全部を他の株式会社又は合同
会社に取得させることをいい（会社法2三十一）、株式交換は、株
式交換完全親会社（買収会社）と株式交換完全子会社（対象会社）
との間で株式交換契約を締結することになります（会社法767）。

　株式交付は、株式交付子会社株式を株式交付親会社に譲渡するか
否かは個々の株主の意思によります（全株主が譲渡して結果的に資
本関係100％となることもあり得ます。）。一方、株式交換は、対象
会社を完全子会社（資本関係100％）とするための組織再編成の手
法であり資本関係100％未満の状態となる株式交換というものは存
在しません。

40　この産業競争力強化法による特例の場合には、一定の要件を満たす
　ときに、株主における株式の譲渡損益を繰り延べる課税の特例措置が
　講じられていましたが、令和3年3月31日をもって廃止されました
　（旧措法37の13の3、66の2の2、68の86）。

　なお、株式交付は、「株式会社が他の株式会社をその子会社（略）とするために」に行われることとされており、例えば、既に50％超の株式（議決権）を保有する会社を株式交付子会社として株式交付を行うことができないこととされています。一方、株式交換は、「株式会社がその発行済株式（略）の全部を他の株式会社又は合同会社に取得させること」であることから、100％親子会社の関係を作り出すための組織再編行為ですが、株式交換前に既に同じグループ内（50％超の資本関係）で行うことは排除されておらず、同じグループ内で行うことが可能です。例えば、親会社（P社）の下に100％子会社が2社（S1社、S2社）あるとして、そのうちのS2社をS1社の100％子会社とするために、S1社を株式交換完全親会社、S2社を株式交換完全子会社とする株式交換を行うことが可能です。

＜株式交付と株式交換との主な相違点（税務上の取扱いを除く）＞

	株式交付	株式交換
実行後の買収会社と対象会社の関係	50％超の親子会社の関係（株式交付により初めて同じグループとなる）	100％親子会社の関係（株式交換前から同じグループ内でも可能）
手続	株式交付親会社が株式交付計画を作成する（株式交付子会社での手続はない）	株式交換完全親会社と株式交換完全子会社との間で株式交換契約を締結する
対象会社の個々の株主の同意	個々の株主の同意が必要（譲渡するか否かは個々の株主の意思による）	個々の株主の同意は不要（強制的に譲渡される）

2　税法（租税特別措置法）の規定

(1)　概要

　上記Ⅰ1(2)で説明したように、株式交付は、法人税法の組織再編税制の対象とはされていません。そのため、適格要件を満たす適格株式交付、適格要件を満たさない非適格株式交付というような概念はなく、株式交換のように、株式交付子会社においてその保有する資産の時価評価課税が行われるということはありません。

　これは、株式交換は、ある法人を他の法人の完全子法人とする組織再編成の手法であり、合併等のように資産・負債を他の法人に移転させるものではありませんが、単なる取引法上の株式売買ではなく組織法（会社法）上の行為であり、完全子法人の株式を通じて完全子法人全体を取得することといえることから、合併等を同様に組織再編税制の一環に位置付けられており、他の組織再編との整合性を保つために、非適格組織再編となる株式交換の場合には、完全子法人の有する一定の資産を時価評価して含み損益を評価損益として計上することとされています。一方、株式交付は、会社法の組織再編行為の一つとされていますが、株式交換のように株式の全部を取得して子会社全体を取得するというようなものではなく、組織再編税制の対象とすることはなじまないことから、法人税法の組織再編税制の対象とはしていないものと考えられます。

　ただし、何らの税法の措置を講じない場合には、株式交付子会社株式を譲渡する株主は、株式交付親会社株式のみの交付を受けたと

しても、譲渡課税を受けることになり、そのために株主が譲渡に応じないとすると、税が株式交付の効果を阻害することになりかねません。そこで、一定の場合には、株主の譲渡損益を繰り延べる課税の特例が租税特別措置法において設けられています。

(2)　株式交付子会社の株主の課税関係

　株主が、その有する株式（「所有株式」といいます。）を発行した他の法人を株式交付子会社とする株式交付によりその所有株式を譲渡し、株式交付親会社の株式の交付を受けた場合（その株式交付により交付を受けたその株式交付親会社の株式の価額がその株式交付により交付を受けた金銭の額及び金銭以外の資産の価額の合計額のうちに占める割合が80％に満たない場合を除きます。）には、その所有株式の譲渡損益の計算における譲渡対価の金額は、所有株式の株式交付の直前の帳簿価額に相当する金額に株式交付割合（株式交付により交付を受けた株式交付親会社の株式の価額が株式交付により交付を受けた金銭の額及び金銭以外の資産の価額の合計額（剰余金の配当として交付を受けた金銭の額及び金銭以外の資産の価額の合計額を除きます。）のうちに占める割合をいいます。）を乗じて計算した金額と株式交付により交付を受けた金銭の額及び金銭以外の資産の価額の合計額（株式交付親会社の株式の価額並びに剰余金の配当として交付を受けた金銭の額及び金銭以外の資産の価額の合計額を除きます。）とを合計した金額とされます（措法66の2の2①）。

　株式交換の場合には、金銭等不交付株式交換に該当しない場合、例えば、株式交換対価に占める割合のいかんによらず、株式以外の

資産の交付を受けたときには、時価譲渡として課税されることになりますが、株式交付の場合には、交付を受けた対価の総額に占める株式交付親会社株式の価額の割合が80％以上の場合には、課税の繰延べの規定の適用があり（交付対価の時価総額の20％以内であれば金銭等の交付も認められることになります。）、株式交付親会社株式に対応する部分については、課税の繰延べがされることになります。

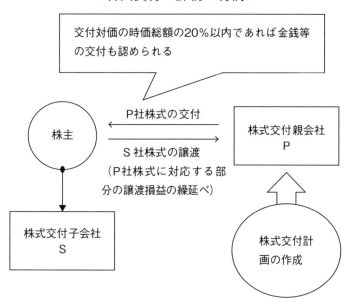

＜株式交付の課税の特例＞

交付対価の時価総額の20％以内であれば金銭等の交付も認められる

株主

P社株式の交付

S社株式の譲渡

（P社株式に対応する部分の譲渡損益の繰延べ）

株式交付親会社
P

株式交付子会社
S

株式交付計画の作成

＜譲渡損益の繰延べの要件＞

$$\frac{\text{株式交付により交付を受けた株式交付親会社株式の価額}}{\text{株式交付により交付を受けた対価の時価総額}} \geq 80\%$$

＜譲渡対価の額＞

所有株式（譲渡する株式交付子会社株式）の帳簿価額	×	株式交付割合※	＋	株式交付親会社株式以外の金銭その他の資産の価額

$$※\quad 株式交付割合 = \frac{株式交付により交付を受けた株式交付親会社株式の価額}{株式交付により交付を受けた対価の時価総額}$$

　また、株式交付により交付を受けた株式交付親会社株式の取得価額は、株式交付により譲渡した所有株式のその譲渡の直前の帳簿価額に株式交付割合を乗じて計算した金額（株式交付親会社株式の交付を受けるために要した費用がある場合には、その費用の額を加算した金額）とされます（措令39の10の3③一）。

＜交付を受けた株式交付親会社株式の取得価額＞

所有株式の帳簿価額×株式交付割合

○　株式交付親会社株式のみが交付された場合

株式交付親会社株式 （注2）	××	譲渡対価（注1）	××
譲渡原価	××	株式交付子会社	××

(注)1　譲渡対価＝譲渡する株式交付子会社株式の帳簿価額×株式交付割合（100％）
　　　　譲渡対価と譲渡原価は同額であり譲渡損益は生じません。
　　2　株式交付親会社株式の取得価額＝譲渡する株式交付親会社株式の帳簿価額×株式交付割合（100％）

○　株式交付親会社株式以外の資産も併せて交付された場合

株式交付親会社株式 （注2）	○○	譲渡対価（注1）	△△
金銭等	□□		
譲渡原価	××	株式交付子会社株式	××

（注）1　譲渡対価＝譲渡する株式交付子会社株式の帳簿価額×株式交付
割合（交付を受けた株式交付親会社株式の価額／交付を受けた対
価の時価総額）＋金銭その他の資産の価額
　　　　　譲渡対価と譲渡原価の差額につき譲渡損益が生じます。
　　　2　株式交付親会社株式の取得価額＝譲渡する株式交付子会社株式
の帳簿価額×株式交付割合

(3)　株式交付親会社の課税関係

　株式交付親会社においては、各株主から取得する株式交付子会社
の株式の取得価額及び株式交付に伴い増加する資本金等の額がいく
らになるかが問題となります。

イ　株式交付子会社株式の取得価額
㈤　株式のみを交付した場合

　株式交付により株式交付子会社の株主から取得した株式交付子会
社の株式の取得価額は、次に掲げる場合の区分に応じそれぞれ次に
掲げる金額（株式の取得をするために要した費用がある場合には、
その費用の額を加算した金額）とされます（措令39の10の3④一）。

　①　株式交付により株式交付子会社の株式を50人未満の株式交付
　　子会社の株主から取得をした場合

　　　株主が有していた株式の取得の直前における帳簿価額（株主
　　が公益法人等又は人格のない社団等であり、かつ、その株式が
　　その収益事業以外の事業に属するものであった場合にはその株
　　式の価額として株式交付親会社の帳簿に記載された金額とし、
　　株主が個人である場合にはその個人が有していたその株式の取
　　得の直前における取得価額とされます。）に相当する金額

②　株式交付により株式交付子会社の株式を50人以上の株式交付
　　子会社の株主から取得をした場合

　　　株式交付子会社の前期期末時（株式交付子会社のその取得の
　　日を含む事業年度の前事業年度[41]終了の時をいいます。）の資
　　産の帳簿価額から負債（新株予約権及び株式引受権に係る義務
　　を含みます。）の帳簿価額を減算した金額（その前期期末時か
　　らその取得の日までの間に一定の資本金等の額又は利益積立金
　　額の増加又は減少があった場合には、その増加した金額を加算
　　し、又はその減少した金額を減算した金額）に相当する金額に
　　株式交付子会社の取得の日における発行済株式（株式交付子会
　　社が有する自己の株式を除きます。）の総数のうちに取得をし
　　た株式交付子会社の株式の数の占める割合を乗ずる方法その他
　　一定の方法により計算した金額

41　同日以前6月以内に仮決算をした場合の中間申告書を提出し、かつ、
　　その提出の日からその取得の日までの間に確定申告書を提出していな
　　かった場合には、その中間申告書に係る申告対象期間とされます。

＜株式交付親会社における株式交付子会社株式の取得価額（金銭等の交付無）＞

株式交付子会社の株主数が50人未満	各株主における株式交付子会社株式の帳簿価額（個人の場合には取得価額）の合計額	
株式交付子会社の株主数が50人以上	株式交付子会社の前期期末の簿価純資産価額	$\times$　$\dfrac{\text{株式交付親会社が取得した株式交付子会社株式の株数}}{\text{株式交付子会社の発行済株式（自己株式を除く）の総数}}$

㈿　株式以外の資産も交付した場合

　株式交付により株式交付子会社の株主に株式交付親会社株式以外の資産を交付した場合には、株式交付により株主から取得した株式交付子会社の株式の取得価額は、次に掲げる金額の合計額（株式の取得をするために要した費用がある場合には、その費用の額を加算した金額）とされます（措令39の10の3④二）。

①　上記㈧①又は②に掲げる場合の区分に応じ、それぞれに掲げる金額に株式交付割合を乗じて計算した金額

②　株式交付により株主に交付した金銭の額及び金銭以外の資産の価額の合計額（株式交付親会社株式の価額並びに剰余金の配当として交付した金銭の額及び金銭以外の資産の価額の合計額を除きます。）

＜株式交付親会社における株式交付子会社株式の取得価額（金銭等の交付有）＞

株式交付子会社の株主数が50人未満	各株主における株式交付子会社株式の帳簿価額（個人の場合には取得価額）の合計額 × 株式交付割合 ＋ 交付金銭等の金額		
株式交付子会社の株主数が50人以上	株式交付子会社の前期期末の簿価純資産価額 ×	$\dfrac{\text{株式交付親会社が取得した株式交付子会社株式の株数}}{\text{株式交付子会社の発行済株式（自己株式を除く）の総数}}$ × 株式交付割合	＋ 交付金銭等の金額

□　増加した資本金等の額

　株式交付により増加した資本金等の額（資本金の額の部分を除きます。）は、株式交付により移転を受けた株式交付子会社株式の取得価額（株式の取得をするために要した費用の額が含まれている場合には、その費用の額を控除した金額）から株式交付に係る増加資本金額等（株式交付により増加した資本金の額及び上記イ(ロ)②に掲げる金額をいいます。）を減算した金額とされます（措令39の10の3④三）。

Ⅲ　中小企業事業再編投資損失準備金制度の基本

　令和３年度税制改正においては、時限措置として中小企業のM＆A実施後に発生し得るリスク（簿外債務等）に備えるため、据置期間付（５年間）の準備金制度が措置され、M＆A実施時に、投資額の70％以下の金額を損金算入することが認められています。

　ここでは、中小企業のM＆Aにおいて活用可能なこの税制について解説します。なお、この制度は、「産業競争力強化法等の一部を改正する等の法律」による改正後の中小企業等経営強化法に基づくものですが、その法案は、本書の執筆時点（令和３年５月）において国会審議中の状況です。

1　制度の概要

　一定の中小企業者で青色申告書を提出するもののうち、「産業競争力強化法等の一部を改正する等の法律」の施行の日から令和６年３月31日までの間に中小企業等経営強化法の認定を受けたものが、その認定に係る経営力向上計画に従って行う事業承継等として他の法人の株式等の取得（購入による取得に限ります。）をし、かつ、これをその取得の日を含む事業年度終了の日まで引き続き有している場合（その取得をした株式等の取得価額が10億円を超える場合を

除きます。）において、その株式等の価格の低落による損失に備え
るため、その株式等の取得価額の70％相当額以下の金額を中小企業
事業再編投資損失準備金として積み立てたときは、その積み立てた
金額は、その事業年度において損金の額に算入されます。

　なお、この準備金については、その積み立てられた事業年度終了
の日の翌日から5年を経過したものがある場合には、その経過した
準備金の金額にその事業年度の月数を乗じてこれを60で除して計算
した金額を益金の額に算入されます（措法55の2）。

＜中小企業事業再編投資損失準備金制度の概要＞

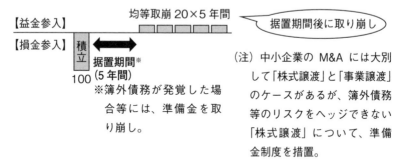

（出典　経済産業省「令和3年度（2021年度）経済産業関係税制改正に
ついて」）

2　制度の内容

(1)　準備金の積立て

イ　規定の内容

　中小企業者（下記ロ⒤を参照してください。）（適用除外事業者（下記ロ⒭を参照してください。）に該当するものを除きます。）で青色申告書を提出するもののうち、「産業競争力強化法等の一部を改正する等の法律」[42]の施行の日から令和6年3月31日までの間に中小企業等経営強化法第17条第1項に規定する経営力向上計画（事業承継等事前調査（下記ロ⒱を参照してください。）に関する事項の記載があるものに限ります。以下「経営力向上計画」といいます。）について同条第1項の認定を受けたものが、各事業年度（解散の日を含む事業年度及び清算中の各事業年度を除きます。）においてその認定に係る経営力向上計画（同法第18条第1項の規定による変更の認定があったときは、その変更後のもの。「認定経営力向上計画」といいます。）に従って行う同法第2条第10項に規定する事業承継等（下記ロ⒳を参照してください。）（他の特定事業者等（下記ロ⒣を参照してください。）の株式又は持分の取得であって、特定事業者等によるその取得によって当該他の特定事業者等がその特定事業者等の関係事業者（下記ロ⒴を参照してください。）とな

42　本書の執筆時点（令和3年5月）において、この法案は国会審議中であり、本項で解説している中小企業等経営強化法の規定は、この法律による改正後のものとなります。

る場合に限ります。）として他の法人の株式又は出資（「株式等」と
いいます。）の取得（購入による取得に限ります。）をし、かつ、こ
れをその取得の日を含む事業年度終了の日まで引き続き有している
場合（その取得をした株式等（「特定株式等」といいます。）の取得
価額が10億円を超える場合を除きます。）において、その特定株式
等の価格の低落による損失に備えるため、その特定株式等（合併に
より合併法人に移転するものを除きます。）の取得価額の70％に相
当する金額（その事業年度においてその特定株式等の帳簿価額を減
額した場合には、その減額した金額のうちその事業年度の所得の金
額の計算上損金の額に算入された金額に相当する金額を控除した金
額）以下の金額を損金経理の方法により各特定法人（特定株式等を
発行した法人をいいます。）別に中小企業事業再編投資損失準備金
として積み立てたとき（その事業年度の決算の確定の日までに剰余
金の処分により積立金として積み立てる方法により中小企業事業再
編投資損失準備金として積み立てた場合を含みます。）は、その積
み立てた金額は、その事業年度の所得の金額の計算上、損金の額に
算入されます（措法55の2①）。

　この規定は、適用を受けようとする事業年度の確定申告書等に中
小企業事業再編投資損失準備金として積み立てた金額の損金算入に
関する申告の記載があり、かつ、その確定申告書等にその積み立て
た金額の計算に関する明細書の添付がある場合に限り、適用されま
す（措法55の2⑦）。また、特定株式等に該当するものであること
を証する一定の書類も添付しなければなりません（措令32の3③）。

ロ　用語の意義

㈦　中小企業者

　中小企業者とは、資本金の額若しくは出資金の額が1億円以下の法人のうち次に掲げる法人以外の法人又は資本若しくは出資を有しない法人のうち常時使用する従業員の数が1,000人以下の法人をいいます（法法42の4⑧七、措令27の4㉑）。

①　その発行済株式又は出資（その有する自己の株式又は出資を除きます。）の総数又は総額の1/2以上が同一の大規模法人（資本金の額若しくは出資金の額が1億円を超える法人、資本若しくは出資を有しない法人のうち常時使用する従業員の数が1,000人を超える法人又は次に掲げる法人をいい、中小企業投資育成株式会社を除きます。）の所有に属している法人

　　ⅰ　大法人（次に掲げる法人をいいます。）との間にその大法人による完全支配関係がある普通法人

　　　（i）　資本金の額又は出資金の額が5億円以上である法人

　　　（ⅱ）　保険業法第2条第5項に規定する相互会社及び同条第10項に規定する外国相互会社のうち、常時使用する従業員の数が1,000人を超える法人

　　　（ⅲ）　法人税法第4条の7に規定する受託法人

　　ⅱ　普通法人との間に完全支配関係がある全ての大法人が有する株式及び出資の全部を当該全ての大法人のうちいずれか一の法人が有するものとみなした場合においてそのいずれか一の法人とその普通法人との間にそのいずれか一の法人による完全支配関係があることとなるときのその普通法人（ⅰに掲

げる法人を除きます。）

②　①に掲げるもののほか、その発行済株式又は出資の総数又は
総額の2/3以上が大規模法人の所有に属している法人

㋺　**適用除外事業者**

適用除外事業者とは、その事業年度開始の日前3年以内に終了し
た各事業年度（「基準年度」といいます。）の所得の金額の合計額を
各基準年度の月数の合計数で除し、これに12を乗じて計算した金額
（設立後3年を経過していないこと、既に基準年度の所得に対する
法人税の額につき法人税法第80条の規定（欠損金の繰戻しによる還
付）の適用があったこと、基準年度において合併、分割又は現物出
資が行われたことその他の一定の事由がある場合には、その計算し
た金額につきその事由の内容に応じ調整を加えた金額として一定の
方法により計算した金額）が15億円を超える法人をいいます（措法
42の4⑧八）。

㊒　**事業承継等事前調査**

事業承継等事前調査とは、特定事業者等が事業承継等により取得
し、又は提供を受けようとする経営資源が他の経営資源と一体的に
用いるために必要な機能その他の要素を備えていないことにより損
害が生ずるおそれがあるかどうかについて、法務、財務、税務その
他の観点から行う調査をいいます（中小企業等経営強化法17④二）。

㈡　事業承継等

　事業承継等とは、特定事業者等の間の一定の合併、分割、株式交換、株式移転、株式交付、事業譲受・資産譲受、他の特定事業者等の株式又は持分の取得（特定事業者によるその取得によって当該他の特定事業者等がその特定事業者の関係事業者となる場合に限ります。）等をいいます（中小企業等経営強化法2⑩一～九）。

　なお、本制度は、他の特定事業者等の株式又は持分の購入による取得のみが適用対象となります（措法55の2①）。

㈥　特定事業者等

　特定事業者等とは、特定事業者（次に掲げる者をいいます。）又は常時使用する従業員の数が一定数以下の会社その他一定の法人及び個人（特定事業者に該当するものを除きます。）のいずれかに該当する者をいいます（中小企業等経営強化法2⑤⑥）。

①　常時使用する従業員の数が500人以下の会社及び個人であって、製造業、建設業、運輸業その他の業種（②及び③に掲げる業種並びに④の一定の業種を除きます。）に属する事業を主たる事業として営むもの

②　常時使用する従業員の数が400人以下の会社及び個人であって、卸売業（④の一定の業種を除きます。）に属する事業を主たる事業として営むもの

③　常時使用する従業員の数が300人以下の会社及び個人であって、小売業又はサービス業（④の一定の業種を除きます。）に属する事業を主たる事業として営むもの

④　常時使用する従業員の数がその業種ごとに一定の数以下の会社及び個人であって、その一定の業種に属する事業を主たる事業として営むもの

⑤　企業組合

⑥　協業組合

⑦　事業協同組合、事業協同小組合、商工組合、協同組合連合会その他の特別の法律により設立された組合及びその連合会であって一定のもの

⑧　一般社団法人であって前各号に掲げるものを直接又は間接の構成員とするもの（一定の要件に該当するものに限ります。）

(ﾍ)　関係事業者

関係事業者とは、他の事業者がその経営を実質的に支配していると認められているものとして一定の関係を有するものをいいます（中小企業等経営強化法2⑩八）。

(2)　5年経過後の取崩し

中小企業事業再編投資損失準備金を積み立てている法人の各事業年度終了の日において、前事業年度から繰り越された特定法人に係る中小企業事業再編投資損失準備金の金額（その日までに下記(3)の規定により益金の額に算入された、若しくは算入されるべきこととなった金額又は前事業年度等の終了の日までにこの規定により益金の額に算入された金額がある場合にはこれらの金額を控除した金額とされます。）のうちにその積み立てられた事業年度（「積立事業年

度」といいます。）終了の日の翌日から５年を経過したもの（「据置
期間経過準備金額」といいます。）がある場合には、その据置期間
経過準備金額については、その積立事業年度の所得の金額の計算上
損金の額に算入された中小企業事業再編投資損失準備金として積み
立てた金額にその各事業年度の月数を乗じてこれを60で除して計算
した金額（計算した金額が据置期間経過準備金額を超える場合には、
据置期間経過準備金額）に相当する金額は、その事業年度の所得の
金額の計算上、益金の額に算入されます（措法55の２②）。

(3)　認定の取消等の場合の取崩し

　中小企業事業再編投資損失準備金を積み立てている法人が次に掲
げる場合に該当することとなった場合には、それぞれに掲げる金額
に相当する金額は、その該当することとなった日を含む事業年度
（③に掲げる場合にあっては、合併の日の前日を含む事業年度）の
所得の金額の計算上、益金の額に算入されます（措法55の２③）。

①　中小企業等経営強化法第18条第２項の規定により同法第17条
　第１項の認定が取り消された場合（認定に係る認定経営力向上
　計画に従って行う事業承継等として特定法人の株式等の取得を
　していた場合に限ります。）

　　その取り消された日におけるその特定法人に係る中小企業事
　業再編投資損失準備金の金額

②　中小企業事業再編投資損失準備金に係る特定法人の株式等の
　全部又は一部を有しないこととなった場合（③又は④に該当す
　る場合及びその法人を合併法人とする適格合併によりその特定

法人が解散した場合を除きます。)

　その有しないこととなった日におけるその特定法人に係る中小企業事業再編投資損失準備金の金額のうちその有しないこととなった株式等に係るものとして一定の方法により計算した金額（その特定法人の株式等の全部を有しないこととなった場合には、その有しないこととなった日におけるその特定法人に係る中小企業事業再編投資損失準備金の金額）

③　合併により合併法人に特定法人の株式等を移転した場合

　その合併の直前におけるその特定法人に係る中小企業事業再編投資損失準備金の金額

④　特定法人が解散した場合（その法人を合併法人とする適格合併により解散した場合を除きます。)

　その解散の日におけるその特定法人に係る中小企業事業再編投資損失準備金の金額

⑤　特定法人の株式等についてその帳簿価額を減額した場合

　その減額をした日におけるその特定法人に係る中小企業事業再編投資損失準備金の金額のうちその減額をした金額に相当する金額（分割型分割、株式分配又は資本の払戻しによりその帳簿価額を減額した場合には、同日におけるその特定法人に係る中小企業事業再編投資損失準備金の金額のうちその減額をした金額に対応する部分の金額として一定の金額）

⑥　その法人が解散した場合（合併により解散した場合を除きます。)

　その解散の日における中小企業事業再編投資損失準備金の金

額

⑦　その他の場合において特定法人に係る中小企業事業再編投資損失準備金の金額を取り崩した場合

　その取り崩した日におけるその特定法人に係る中小企業事業再編投資損失準備金の金額のうちその取り崩した金額に相当する金額

Ⅳ　グループ法人税制の基本

　グループ法人税制は、経済的に一体として運営される完全支配関係がある法人のグループ間の一定の取引について譲渡損益の繰延べをする等、通常とは異なる特別な取扱いをする各種の税制の一般的な総称です。事業再編等を検討するうえでは、このグループ法人税制の影響も考慮する必要があります。

　ここでは、グループ法人税制の主な取扱いについて解説します。

1　100％グループ内の法人間の資産の譲渡取引等

⑴　譲渡損益調整勘定の繰入れによる譲渡損益の繰延べ

　内国法人（譲渡法人）がその有する譲渡損益調整資産（下記⑵を参照してください。）をその内国法人との間に完全支配関係がある他の内国法人（譲受法人）に譲渡した場合には、その譲渡損益調整資産に係る譲渡利益額又は譲渡損失額と同額の調整勘定繰入損又は調整勘定繰入益が計上され、その譲渡した事業年度の所得の金額の計算上、損金の額又は益金の額に算入されます（法法61の13①）。

＜完全支配関係がある場合の譲渡損益の繰延べ（調整勘定の繰入れ）＞

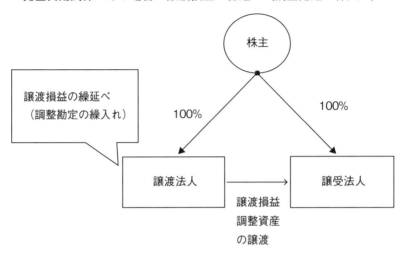

○　譲渡益が生じる場合

現金等	○○	譲渡損益調整資産	△△
		譲渡益	××
調整勘定繰入損	××	譲渡損益調整勘定	××

○　譲渡損が生じる場合

現金等	○○	譲渡損益調整資産	△△
譲渡損	××		
譲渡損益調整勘定	××	調整勘定繰入益	××

(2)　譲渡損益調整資産

　譲渡損益調整資産とは、固定資産、固定資産以外（棚卸資産）の
土地（土地の上に存する権利を含みます。）、有価証券、金銭債権及

び繰延資産とされていますが、次に掲げるものは除くこととされています（法法61の13①、法令122の14①）。

① 　売買目的有価証券（短期的な価格の変動を利用して利益を得る目的で取得した一定の有価証券）

② 　譲受法人において売買目的有価証券とされる有価証券

③ 　譲渡直前の1単位[43]当たりの帳簿価額が1,000万円に満たない資産（①に掲げるものを除きます。）

⑶　譲渡損益の計上（譲渡損益調整勘定の戻入れ）

　譲受法人においてその譲渡損益調整資産の譲渡、償却、評価換え、貸倒れ、除却その他の一定の事由（戻入事由）が生じたときは、譲渡法人において調整勘定のうち一定の金額が取り崩され、その戻入額は、益金の額又は損金の額に算入されます（法法61の13②、法令122の14④）。

＜完全支配関係がある場合の譲渡損益の計上（調整勘定の戻入れ）＞

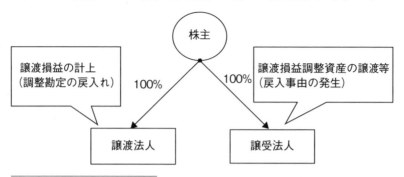

43 　1単位とは、例えば建物であれば1棟、土地であれば1筆（又は1団）、機械装置等であれば1台等となります（法規27の13の3 、27の15①）。

○　調整勘定の取崩しにより戻入益が生じる場合

譲渡損益調整勘定	××	調整勘定戻入益	××

○　調整勘定の取崩しにより戻入損が生じる場合

調整勘定戻入損	××	譲渡損益調整勘定	××

⑷　完全支配関係が消滅した場合

　上記⑶の場合のほか、譲渡法人が譲受法人との間の完全支配関係を有しないこととなった場合[44]、すなわち、譲渡法人と譲受法人との間の完全支配関係が消滅した場合には、譲渡損益調整資産に係る譲渡利益額又は譲渡損失額に相当する金額（その有しないこととなった日の前日の属する事業年度前の各事業年度の所得の金額の計算上、上記⑶の規定により益金の額又は損金の額に算入された金額を除きます。）は、譲渡法人のその前日の属する事業年度の所得の金額の計算上、益金の額又は損金の額に算入されます（法法61の13③）。

44　次に掲げる事由に基因して完全支配関係を有しないこととなった場合を除きます。
　① 　譲渡法人の適格合併（合併法人（新設合併にあっては、他の被合併法人の全て。②において同じです。）が譲渡法人との間に完全支配関係がある内国法人であるものに限ります。）による解散
　② 　譲受法人の適格合併（合併法人が譲受法人との間に完全支配関係がある内国法人であるものに限ります。）による解散

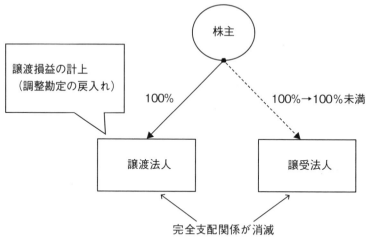

＜完全支配関係が消滅した場合の戻入れ＞

⑸　組織再編税制との比較等

　組織再編税制の適格組織再編成の場合、帳簿価額による引継ぎ又は譲渡とされており、移転した側では、譲渡損益自体計上せず、移転を受けた側では帳簿価額により資産を計上し、移転を受けた側でその資産の譲渡等が行われた場合に、移転を受けた側でその繰り延べられていた譲渡損益が計上されることになります。一方、このグループ法人税制の場合には、移転した側では、譲渡損益を計上した上で、その譲渡損益と同額の繰入益・繰入損を計上することで、譲渡損益の繰延べを行い、移転を受けた側では時価により資産を計上し、移転を受けた側でその資産の譲渡等が行われた場合に、移転した側でその譲渡損益調整勘定を戻し入れて繰り延べられていた譲渡損益が計上されることになります。

　また、非適格組織再編成の場合、移転した側では、時価で譲渡損

益を計上することになりますが（法法62①他）、非適格合併であっても合併法人との間で完全支配関係がある場合には、この規定の適用により譲渡損益の繰延べの適用があります（法法61の13①）。なお、この場合には、被合併法人において譲渡損益調整勘定は計上せず調整損益のみを計上し、合併法人において譲渡損益調整資産の取得価額にその調整損益の金額を減算・加算することにより、結果的に帳簿価額による譲渡と同様の状態とします（法法61の13①③⑦、法令9①一ヲ、122の14⑬）。

＜非適格合併で完全支配関係がある場合の処理＞

○　譲渡益が生じる場合

・　被合併法人

現金等	○○	譲渡損益調整資産	△△
調整損（注）	××	譲渡益	××

（注）　譲渡益と同額の調整損が計上されることにより帳簿価額による譲渡と同様になります。

・　合併法人

譲渡損益調整資産（注）	○○	現金等	○○
利益積立金額	××	譲渡損益調整資産（注）	××

（注）　結果として被合併法人における帳簿価額相当額に修正されます。

　　　○○（時価相当額）－××（譲渡益相当額）＝△△（時価から帳簿価額に修正）

○　譲渡損が生じる場合

・　被合併法人

現金等	○○	譲渡損益調整資産	△△
譲渡損	××	調整益（注）	××

　（注）　譲渡損と同額の調整益が計上されることにより帳簿価額による譲渡と同様になります。

・　合併法人

譲渡損益調整資産（注）	○○	現金等	○○
譲渡損益調整資産（注）	××	利益積立金額	××

　（注）　結果として被合併法人における帳簿価額相当額に修正されます。
　　　　○○（時価相当額）＋××（譲渡損相当額）＝△△（時価から帳簿価額に修正）

2　100％グループ内の非適格株式交換等・非適格株式移転の時価評価の不適用

　非適格株式交換等、非適格株式移転が行われた場合、株式交換等完全子法人、株式移転完全子法人においては、その保有する時価評価資産について時価評価を行い、その評価損益の額を損金算入・益金算入することになっています（法法62の9①）。

　しかしながら、株式交換完全親法人と株式交換完全子法人との間に完全支配関係があった場合の株式交換又は各株式移転完全子法人

の間に完全支配関係があった場合の株式移転の場合には、非適格株式交換又は非適格株式移転であったとしても、時価評価課税は行われません（法法62の9①）。

<完全支配関係がある場合の非適格株式交換>

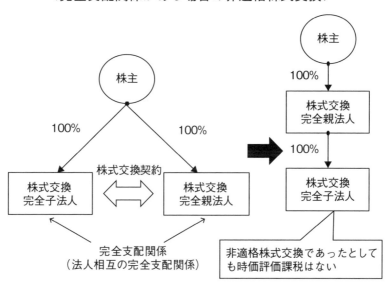

3　100％グループ内の法人間の寄附等

⑴　100％グループ内の法人間の寄附金の損金不算入

　内国法人が各事業年度においてその内国法人との間に完全支配関係（法人による完全支配関係に限ります。）がある他の内国法人に対して支出した寄附金の額（下記⑵の受贈益の額に対応するものに

限ります。）は、その内国法人の各事業年度の所得の金額の計算上、損金算入限度額は適用せず、その全額を損金の額に算入しないこととされています（法法37②）。

(2)　100%グループ内の法人間の受贈益の益金不算入

　内国法人が各事業年度においてその内国法人との間に完全支配関係（法人による完全支配関係に限ります。）がある他の内国法人から受けた受贈益の額（上記(1)の寄附金の額に対応するものに限ります。）は、その内国法人の各事業年度の所得の金額の計算上、益金の額に算入しないこととされています（法法25の2①）。

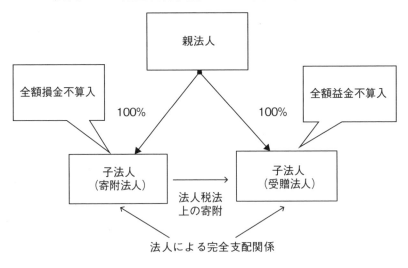

＜法人による完全支配関係がある場合の寄附・受贈＞

　下記図1で個人Ｘと個人Ｙが親族の関係にあることから、法人Ａ

と法人Bとの間には個人X（Y）による完全支配関係はありますが、法人による完全支配関係ではないため、この制度の適用はありません。一方、下記図2は、法人Dと法人Eとの間には法人Cによる完全支配関係があるため、この制度の適用があります。個人Xと個人Yが親族の関係にあることから、個人X（Y）による完全支配関係もありますが、法人による完全支配関係があることには相違なく、この制度の適用があります。

＜法人による完全支配関係の有無とグループ法人税制の関係＞

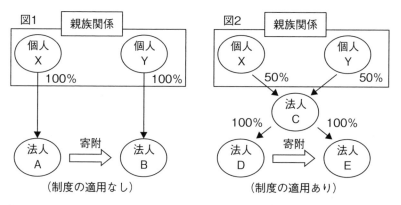

（出典　国税庁「平成22年6月30日付課法2－1ほか1課共同「法人税基本通達等の一部改正について」（法令解釈通達）の趣旨説明」を一部修正）

⑶　寄附をする法人又は寄附を受ける法人の株主の処理

　法人との間に完全支配関係がある他の法人（「子法人」といいます。）の株式について寄附修正事由（子法人が他の内国法人に対して上記⑴の寄附金の額を支出したこと又は子法人が他の内国法人か

ら上記(2)の受贈益の額を受けたことをいいます。）が生ずる場合には、下記の算式により計算した寄附修正額を利益積立金額及びその寄附修正事由が生じた時の直前のその株式の帳簿価額に加減算することとされています（法令9①七、119の3⑥、119の4①）。

　これは、寄附を行った子法人の株式の価額はその分低下し、寄附を受けた子法人の株式の価額はその分上昇することになり、寄附を行った子法人の株式を譲渡した場合には、その寄附金の分の譲渡損が計上されてしまうことになり、寄附を受けた子法人の株式を譲渡した場合には、その受贈益の分の譲渡益が計上されてしまうことになり、法人の所得計算をゆがめてしまう恐れがあり、それを是正するための措置です。

＜寄附修正＞

$$寄附修正額 = 子法人における受贈益の益金不算入額 \times 子法人株式の保有割合 - 子法人における寄附金の損金不算入額 \times 子法人株式の保有割合$$

○　計算結果がプラスの場合

子法人株式	××	利益積立金額	××

正味の受贈益の金額分だけ子法人株式の帳簿価額を増加させる。

○　計算結果がマイナスの場合

利益積立金額	××	子法人株式	××

正味の寄附金の金額分だけ子法人株式の帳簿価額を減少させる。

<100％グループ内の寄附・受贈と寄附修正>

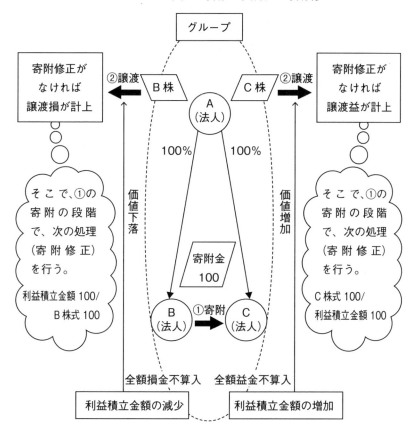

（出典　国税庁「『平成22年度税制改正に係る法人税質疑応答事例（グループ法人税制関係）（情報）』問7　寄附修正事由が生じた場合の株主の処理」）

117

4　100％グループ内の法人の株式の発行法人への譲渡等

(1)　規定の内容

　内国法人が、所有していた株式（「所有株式」といいます。）を発行した他の内国法人（その内国法人との間に完全支配関係があるものに限ります。）の下記の一定のみなし配当事由により金銭その他の資産の交付を受けた場合又はその事由により当該他の内国法人の株式を有しないこととなった場合（残余財産の分配を受けないことが確定した場合を含みます。）における株式等の譲渡対価の額は、譲渡原価の額に相当する金額とされ、譲渡損益は生じないこととされています（法法61の2⑰）。

　この規定は、上記1の譲渡損益調整資産の譲渡損益の繰延べと異なり、譲渡損益を永久に計上しない（不計上）である点に注意が必要です。

○　資本金等の額が増加する場合（本来であれば譲渡益が生ずる場合）

現金等	○○	譲渡対価（注1）	△△
		みなし配当	××
		資本金等の額（注2）	□□
譲渡原価	△△	株式	△△

(注) 1　譲渡対価の金額は、譲渡原価の金額と同額
　　　2　貸借差額＝この規定の適用がない場合に生ずるであろう譲渡益相当額

(2)　100％子法人（完全支配関係がある法人）が清算した場合

　この規定は、残余財産の分配を受けないことが確定した場合も含まれますので、例えば、100％子法人が清算して残余財産がなかった場合、本来であれば、その100％子法人株式の帳簿価額分の清算損失が生じるのですが、このグループ法人税制の適用により、清算損失の計上がない（その帳簿価額相当額の譲渡対価を計上し貸借差額は資本金等の額とする）ことになります。結果として清算損失相当額の資本金等の額が減少するだけで、所得計算には影響しないことになります。

＜子法人が清算して残余財産がなかった場合＞

○　グループ法人税制の適用がない場合

清算損失	△△	株式	△△

○　グループ法人税制の適用がある場合

資本金等の額	△△	譲渡対価（注）	△△
譲渡原価	△△	株式	△△

（注）　譲渡原価（株式の帳簿価額）と同額の譲渡対価を計上することに
なり、結果として清算損失は損金不算入となります。

　また、清算損失相当額の損金算入ができないこととの見合いで、
完全支配関係がある内国法人が清算して残余財産が確定した場合に
は、その内国法人の繰越欠損金は、その株主である内国法人が引き
継ぐことになっています（法法57②他）[45]。その規定の内容は、適格
合併の場合の繰越欠損金の引継ぎの規定（上記Ⅰ7を参照してくだ
さい。）とほぼ同様の規定となっています。ただし、この場合は、
法人の清算が前提であることから、みなし共同事業要件に関する規
定の適用はありません。

　なお、完全支配関係がある他の内国法人が清算中又は解散するこ
とが見込まれている等の状況にある場合には、当該他の内国法人の
株式又は出資について評価損を計上し、損金算入することはできな
いこととされています（法法33⑤、法令68の3他）。これは、上記
の繰越欠損金の引継ぎと評価損の損金算入による損失の二重取りを

45　合併と異なり、株主は2名以上存在することがあり得ますので、株
式の保有割合に応じて繰越欠損金を分割して引き継ぎます（法法57②）。

防止するための措置です。

<100%子法人の清算（残余財産の確定）による繰越欠損金の引継ぎ>

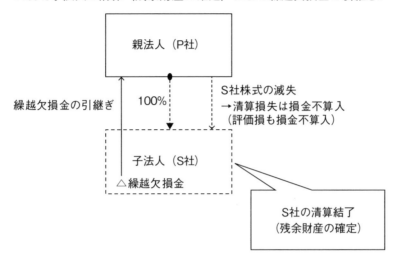

V　第二会社方式の基本

　事業再生等の場面にあっては、過剰債務企業の自力再生が困難な場合に継続させる価値のある事業を新たに設立した法人ないし買収先の法人に移転させることにより、事業の再生・存続を図るという取組みが数多く行われています。こうした取組みは一般に第二会社方式と呼ばれます。

　ここでは、第二会社方式の概要及び税務上の取扱いについて解説します。

1　第二会社方式の概要

　第二会社方式とは、債務者（旧会社）の継続させるべき優良事業（GOOD事業）の資産を新しく設立した会社（第二会社）に、事業譲渡や会社分割の手法により移転して（第二会社が弁済することとなった債務も合わせて移転します。）、第二会社がそのGOOD事業を引き続き継続する一方、不採算事業（BAD事業）と弁済不能の過剰債務が残った旧会社は、解散・清算して債務の免除を受けて清算結了する事業再生スキームをいいます。元々の債務者である旧会社自体は、清算により消滅しますが、その営んでいたGOOD事業は、第二会社において継続されることになり、事業単位での再生を図る

ことができます。

＜第二会社方式の概要＞

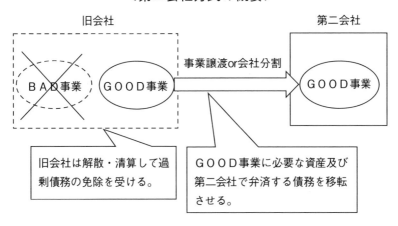

　　第二会社方式の税務上のメリット及びデメリットを示すと下記の
ようになります。

＜第二会社方式の税務上のメリット＞

---

① 　設立当初からの欠損金の損金算入の規定（解散の場合の設立当初
　からの欠損金の損金算入）が適用できること（下記2参照）。
② 　事業譲渡又は会社分割による資産の含み損の実現（譲渡損の計上）
　ができること（下記3参照）。
③ 　GOOD事業の受入側において、GOOD事業の買収金額が移転する
　資産負債の時価純資産価額を超える場合には、いわゆる正の「のれ
　ん」（資産調整勘定）を計上し、それを一定期間で減額（償却）し
　て損金算入できること（下記4参照）。

<第二会社方式の税務上のデメリット>

第二会社を設立し、そこに事業に係る資産を移転させなければならないため、設立・移転コスト（登録免許税、不動産取得税、消費税）の問題が生ずること（下記VI参照）。

2　解散の場合の設立当初からの欠損金の損金算入

(1)　概要

　債権者から債務免除を受けた場合、役員等から私財提供を受けた場合又は資産の評価益が生じた場合には、青色欠損金及びそれ以外の期限切れ欠損金を含む法人全体の欠損金（設立当初からの欠損金）を使用して、これらの債務免除益等を控除することができます（法法59②。以下、これを「継続方式による設立当初からの欠損金の損金算入の規定」といいます。）。

　しかしながら、解散して清算中の法人は、いくら債務免除益や資産処分による譲渡益等に係る益金が生じたとしても、残余財産が無い限りそれらの益金に見合う担税力を有しているとは言えず、また、平成22年度税制改正前は、清算中の内国普通法人等（内国法人である普通法人又は協同組合等をいいます。）に対しては、通常の損益計算により所得計算を行う「各事業年度の所得に対する法人税」ではなく、財産計算により所得計算を行う「清算所得に対する法人税」が課される清算所得課税が適用されていたことから、清算中の法人に残余財産がないと見込まれる場合においても、設立当初から

の欠損金を使用できることとされています（法法59③）。

　なお、本項では、青色申告法人を前提として解説します。

(2)　基本的な内容

　内国法人が解散した場合において、残余財産がないと見込まれるときは、その清算中に終了する事業年度（継続方式による設立当初からの欠損金の損金算入の規定の適用を受ける事業年度を除きます。）の所得の金額の計算上、次の①、②のいずれか少ない金額が損金の額に算入されます（法法59③、法令118）。

　　①　繰越欠損金額（設立当初からの欠損金[46]）から当期において繰越控除（法法57①）に使用された青色欠損金を控除した金額

　　②　この規定を適用しないで計算した当期の所得金額[47]（法人税申告書別表四の差引計の金額から青色欠損金の繰越控除額を控除した金額）

　この規定は、継続方式による設立当初からの欠損金の損金算入の規定と異なり、欠損金の控除対象となる所得金額が債権者からの債務免除益、役員等の私財提供による受贈益、資産の評価益に限定さ

46　期首の利益積立金額のマイナス金額（法人税申告書別表五（一）Ⅰの期首現在利益積立金額（①）の差引合計額（31欄）の金額がマイナスである場合のその金額）をいい、その金額が、法人税申告書別表七（一）に控除未済欠損金額として記載されるべき金額に満たない場合には、その控除未済欠損金額として記載されるべき金額により（法基通12－3－2）、資本金等の額がマイナスの場合には、その資本金等の額のマイナス金額も含められます（法令118一かっこ書）。

47　残余財産の確定の日の属する事業年度に係る事業税及び特別法人事業税の損金算入の規定（法法62の5⑤）の適用がある場合には、この規定についても適用しないで計算した所得金額をいいます。

れておらず、青色欠損金の繰越控除によってもなお残存する所得金
額が控除対象となります。したがって、債務免除益等に限らず、資
産の処分による譲渡益その他の益金であっても控除可能です。

　また、この規定は、青色欠損金の繰越控除を適用してもなお所得
金額がある場合に適用され、継続方式による設立当初からの欠損金
の損金算入の規定のように青色欠損金の繰越控除に対する優先適用
はありません。

(3)　使用される欠損金の内訳

　設立当初からの欠損金は、青色欠損金の部分とそれ以外の期限切
れ欠損金の部分から成りますが、この設立当初からの欠損金の損金
算入においては、当期における青色欠損金の繰越控除に使用されて
いない青色欠損金の部分から先に使用されたものとされ、次いで期
限切れ欠損金の部分が使用されたものとされます（法法57⑤、法令
112⑫）。この規定の適用により使用されたものとされた青色欠損金
は、翌期以降に繰り越すことはできません。

(4)　残余財産がないと見込まれることの意義

　残余財産がないと見込まれるかどうかの判定は、清算中に終了す
る各事業年度終了の時の現況により行われ（法基通12−3−7）、
一般的には、その事業年度終了の時に債務超過の状態にあれば、残
余財産がないと見込まれると判定されます（法基通12−3−8）。

　その疎明資料としては、例えば、法人の清算中に終了する各事業
年度終了の時の実態貸借対照表（法人の有する資産及び負債の価

額[48]により作成される貸借対照表をいいます。）が該当しますが（法基通12－3－9）、公的機関が関与又は一定の準則に基づき独立した第三者が関与して策定された事業再生計画に基づいて清算手続が行われる場合には、公的機関又は独立した第三者の調査結果で会社が債務超過であることを示す書面が該当します[49]。

(5)　仮装経理（粉飾決算）を行っている場合の対応

　上記(2)①の繰越欠損金額とは、その事業年度の確定申告書に添付する法人税申告書別表五（一）の「利益積立金額及び資本金等の額の計算に関する明細書」に期首現在利益積立金額の合計額として記載されるべき金額で、その金額がマイナスである場合のその金額、すなわち利益積立金額のマイナス金額（及び資本金等の額のマイナス金額の合計額）によることとされています（法基通12－3－2）。

　したがって、過去に仮装経理（いわゆる粉飾決算）による過大申告を行ったために架空在庫や架空売掛金等の実在性のない資産を計上しているような法人の場合には、実質債務超過の状態であったとしても帳簿上・申告書上は資産超過の状態であり、繰越欠損金額

48　法人が実態貸借対照表を作成する場合における資産の価額は、その事業年度終了の時における処分価格によりますが、法人の解散が事業譲渡等を前提としたもので法人の資産が継続して他の法人の事業の用に供される見込みであるときには、その資産が使用収益されるものとしてその事業年度終了の時において譲渡される場合に通常付される価額によります（法基通12－3－9（注））。

49　国税庁情報「平成22年度税制改正に係る法人税質疑応答事例（グループ法人税制その他の資本に関係する取引等に係る税制関係）(情報)」問10　残余財産がないと見込まれることの意義

（利益積立金額のマイナス金額）がない状態であることが想定されます。実質債務超過状態で帳簿上・申告書上実在性のない資産を計上しているために資産超過となっている法人については、かつての清算所得課税であれば過去の仮装経理に係る過大申告の減額更正のいかんにかかわらず、最終的に残余財産がないことから課税所得は生じなかったのですが、現行の課税（各事業年度の所得課税）では、残余財産がないにもかかわらず債務免除益等による課税が生じる事態が懸念されます。そこで、このような実在性のない資産がある場合において、次のとおり扱われることが国税庁の質疑応答により明らかにされています[50]。

＜実在性のない資産の処理方法＞

実在性のない資産が生じた事業年度	処理方法
① 更正期限内の事業年度である場合	修正の経理を行い、確定申告書の提出後、税務署長の更正（注1）を受けることにより繰越欠損金額（青色欠損金額）とします。
② 更正期限を過ぎた事業年度である場合	修正の経理を行い、確定申告書において期首の利益積立金額から減算して繰越欠損金額（期限切れ欠損金額）とします。
③ 不明である場合（注2）	修正の経理を行い、確定申告書において期首の利益積立金額から減算して繰越欠損金額（期限切れ欠損金額）とします。

50　国税庁情報「平成22年度税制改正に係る法人税質疑応答事例（グループ法人税制その他の資本に関係する取引等に係る税制関係）（情報）」問11　実在性のない資産の取扱い

（注）1　仮装経理により過大申告を行っている場合、税務署長は、法人
　　　　が修正の経理をし、修正の経理をした事業年度の確定申告書を提
　　　　出するまでの間は、更正をしないことができます（法法129①）。
　　　2　法的整理手続又は公的機関が関与又は一定の準則に基づき独立
　　　　した第三者が関与して策定された事業再生計画に限ります。

　したがって、債務者が仮装経理により実在性のない資産を計上し
ていた場合には、仮にその計上根拠等が不明であったとしても、法
人において修正の経理を行い、その修正の経理を行った事業年度の
確定申告書上で、その実在性のない資産の帳簿価額に相当する金額
を過去の事業年度から繰り越されたものとして期首利益積立金額か
ら減算することにより、繰越欠損金額（期限切れ欠損金額）とする
ことが可能です。

　また、「修正の経理」とは、確定決算において「前期損益修正損」
等として経理することにより修正の事実を明らかにすることと一般
に取り扱われてきましたが（大阪地裁平成元年6月29日判決）、「会
計上の変更及び誤謬の訂正に関する会計基準」（過年度遡及会計基
準）導入後の企業会計では、過去の誤謬の訂正は、原則として修正
再表示（過去の財務諸表における誤謬の訂正を財務諸表に反映させ
ることをいいます。）により行われ、会社法上の計算書類において、
過年度の累積的影響額を当期首の資産、負債及び純資産の額に反映
するとともに、誤謬の内容等を注記することとされました。この点
について、この修正再表示による処理は、「前期損益修正損」等に
よる経理をしたものと同一視し得るものであり、これも修正の経理

131

として取り扱って差し支えないことが国税庁から示されています[51]。

3　含み損の実現（譲渡損の計上）

　事業再生の場面においては、資産の含み損については、評価損
（益）制度を適用して評価損として損金の額に算入することが認め
られていますが、会社更生法若しくは民事再生法の適用を受ける一
定の場合又は再生計画認可の決定に準ずる事実という要件を満たす
私的整理に該当しない場合には適用できず、その対象となる資産に
ついても一定の限定がある等の制約があります（法法25、33他）。

　一方、第二会社方式において事業譲渡又は会社分割の手法により
含み損のある資産を譲渡する場合には、あくまで譲渡であり、こう
した制限なく譲渡する全て資産の含み損を譲渡損（実現損）として
損金の額に算入することができます（法法22、62）[52]。

　なお、移転の手法として会社分割を用いる場合には、組織再編税
制の適用を受けることとなり、その会社分割が組織再編税制の適格
分割（法法2十二の十一）に該当するときは、帳簿価額による引継
又は譲渡とされ（法法62の2②、62の3①）、旧会社で譲渡損が計
上できなくなります。組織再編税制の内容については、上記Ⅰを参

51　国税庁「法人が『会計上の変更及び誤謬の訂正に関する会計基準』
　を適用した場合の税務処理について」別紙「問8　仮装経理があった
　場合の修正経理」
52　旧会社と第二会社との間に完全支配関係（法法2十二の七の六、法
　令4の2②）がある場合には、いわゆる「グループ法人税制」の適用
　により、旧会社での譲渡損の計上がいったん繰り延べられます（法法
　61の13①）。その内容については、上記Ⅳを参照してください。

照してください。

4　のれん（資産調整勘定等）の計上

　事業譲渡又は会社分割により移転を受けた事業の対価として支払うべき金額は、その移転を受けた資産・負債の差額（純資産価額）が基本となります。ただし、その事業のプラスの価値を評価して対価の額に加算すること、あるいはその反対に、マイナスの価値を評価して対価の額から減算することが行われます。純資産価額と対価の額との差額をのれんといいますが、税務上は次のようなのれんの取扱いが設けられています。

(1)　制度の概要

　非適格合併等（非適格合併又は一定の非適格分割、非適格現物出資若しくは事業の譲受けをいいます。）があった場合には、合併法人等（事業の譲受け側）では、被合併法人等（事業の譲渡側）から移転を受けた個別資産・個別負債を計上し、さらに引き継いだ退職給与債務等も負債として計上し、移転事業の時価純資産価額が計算されます。

　そして、その時価純資産価額と支払対価の差額を正ののれんに相当する資産調整勘定又は負ののれんに相当する差額負債調整勘定として計上し、一定期間内に減額（償却）し損金の額又は益金の額に算入することとされています（法法62の8）。

(2)　制度の詳細

イ　適用対象となる非適格合併等

　非適格合併等の直前において営む事業及びその事業に係る資産又は負債のおおむね全部が事業の譲受けをする法人に移転するものをいうこととされています（法令123の10①）。

ロ　営業権

　資産、負債の取得価額は、個別時価により受け入れ、営業権を計上する場合は、独立取引営業権（営業権のうち独立した資産として取引される慣習があるものをいいます。）とされています（法令123の10③）。

　なお、正ののれんは、資産調整勘定としてこの独立取引営業権とは区別されています。

ハ　退職給与負債調整勘定、短期重要負債調整勘定

　引き継いだ従業者の退職給与債務引受額（基本的に引き継ぐ従業者に係る会計上の退職給付引当金の金額）や引き継いだ事業にかかる将来の債務のうち重要なものでおおむね３年以内にその履行が見込まれるもの（短期重要債務見込額）をそれぞれ退職給与負債調整勘定、短期重要負債調整勘定として計上し、受け入れる負債の額に含めることとされています（法法62の8①②、法令123の10⑦）。これらは、その債務の履行時又は一定期間が経過した時に減額し、益金の額に算入することとされています（法法62の8⑥⑧）。

二　資産調整勘定、差額負債調整勘定

　移転資産、負債の時価純資産価額と非適格合併等の対価の額との差額（下記ホの資産等超過差額を除きます。）を正又は負ののれんに相当する資産調整勘定又は差額負債調整勘定として計上することとされています（法法62の8①③）。

　これらは、60ヶ月で償却し、損金の額又は益金の額に算入することとされています（法法62の8④⑤⑦⑧）。

＜正ののれん（資産調整勘定）を計上する場合＞

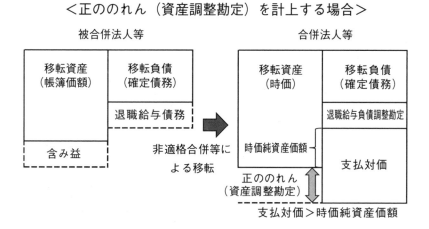

【設例】

・　移転資産…帳簿価額1,000／時価1,200

・　移転負債（確定債務）…800

・　退職給与債務引受額…100

・　支払対価（現金）…500

○　被合併法人等

移転負債	800	移転資産	1,000
現金	500	譲渡益	300

○　合併法人等

移転資産	1,200	移転負債	800
資産調整勘定	200	退職給与負債調整勘定	100
		現金	500

＜負ののれん（差額負債調整勘定）を計上する場合＞

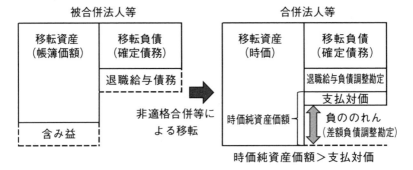

時価純資産価額＞支払対価

【設例】

・　移転資産…帳簿価額1,000／時価1,200

・　移転負債（確定債務）…800

・　退職給与債務引受額…100

・　支払対価（現金）…100

○　被合併法人等

移転負債	800	移転資産	1,000
現金	100		
譲渡損	100		

○　合併法人等

移転資産	1,200	移転負債	800
		退職給与負債調整勘定	100
		現金	100
		差額負債調整勘定	200

ホ　資産等超過差額

　資産等超過差額とは、次に掲げる場合の区分に応じそれぞれに掲げる金額（いずれにも該当する場合には、それぞれに掲げる金額の合計額）をいいます（法法62の8①、法令123の10④、法規27の16）。

　なお、資産等超過差額は、資産調整勘定と異なり償却による損金算入は認められません。

①　非適格合併等対価資産（非適格合併等により交付された内国法人の株式その他の資産をいいます。）の非適格合併等の時における価額（交付時価額）が非適格合併等により非適格合併等対価資産を交付することを約した時の価額（約定時価額）と著しい差異を生じている場合（非適格合併等対価資産の交付時価額が約定時価額の2倍を超える場合に限ります。）。

　　　i 又は ii に掲げる金額（その内国法人が i に掲げる金額の算

定をしていない場合又はその算定の根拠を明らかにする事項を
記載した書類及びその算定の基礎とした事項を記載した書類を
保存していない場合にあっては、ⅱに掲げる金額）

 ⅰ 非適格合併等対価資産の交付時価額から非適格合併等に
　　より移転を受けた事業の価値に相当する金額としてその事
　　業により見込まれる収益の額を基礎として合理的に見積も
　　られる金額を控除した金額

＜交付時価額が約定時価額の２倍超の場合＞

○　移転事業価値の疎明資料を保存している場合

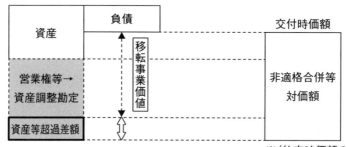

※（約定時価額の２倍超）

（出典　財務省　「平成18年度税制改正の解説」369頁）

 ⅱ 非適格合併等対価資産の交付時価額から約定時価額を控
　　除した金額（時価純資産価額が約定時価額を超える場合に
　　あっては、交付時価額から時価純資産価額を控除した金
　　額）

＜交付時価額が約定時価額の２倍超の場合＞

○　移転事業価値の疎明資料を保存していない場合

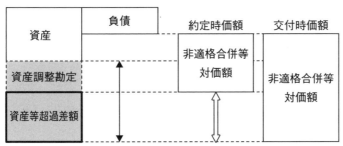

※（約定時価額の２倍超）

（出典　財務省　「平成18年度税制改正の解説」369頁）

②　非適格合併等が非適格合併又は非適格分割である場合におい
　て、その差額が合併又は分割により移転を受ける事業により見
　込まれる収益の額の状況その他の事情からみて実質的に合併又
　は分割に係る被合併法人又は分割法人の欠損金額（移転を受け
　る事業による収益の額によって補てんされると見込まれるもの
　を除きます。）に相当する部分から成ると認められる金額があ
　るとき。

　その欠損金額に相当する部分から成ると認められる金額

＜欠損金額相当部分から成ると認められる場合＞

（出典 財務省 「平成18年度税制改正の解説」369頁）

Ⅵ 移転コスト（登録免許税等）の基本

　組織再編税制に係る組織再編行為やそれ以外の事業譲渡は、新会社の設立や新会社への資産の移転を行うため、登録免許税・不動産取得税等の移転コスト（設立の登録免許税を含みます。）の問題が生じます。

　ここでは、移転する手法ごとの移転コストの税率について解説します。

1 商業登記に係る登録免許税

　会社の設立、合併、分割を行ったことにより商業登記を受ける場合には、その手法と資本金の額に応じた登録免許税が課されます（登免税法3、9、別表第1二十四）。なお、商業登記に係る登録免許税については、下記(2)の産業競争力強化法の特例により税負担の軽減が図られています。

(1)　原則

　①　新会社の設立

　資本金の額の0.7％（最低金額申請1件につき15万円）（登免税法別表第1二十四（一）イ）

②　新設合併による新会社の設立

資本金の額の0.15％（消滅会社の資本金の額として一定の金額の超える資本金の額に対応する部分については0.7％）（登免税法別表第 1 二十四（一）ホ）

③　吸収合併による資本金の額の増加

資本金の額の0.15％（消滅会社の資本金の額として一定の金額の超える資本金の額に対応する部分については0.7％）（登免税法別表第 1 二十四（一）ヘ）

④　新設分割による新会社の設立

資本金の額の0.7％（最低金額申請 1 件につき 3 万円）（登免税法別表第 1 二十四（一）ト）

⑤　吸収分割による資本金の額の増加

資本金の額の0.7％（最低金額申請 1 件につき 3 万円）（登免税法別表第 1 二十四（一）チ）

(2)　産業競争力強化法の特例

産業競争力強化法の認定事業再編計画の認定（期限：令和 4 年 3 月31日）に係る登記で認定の日から 1 年以内に登記を受ける場合には、登録免許税の軽減措置があります（措法80①）。

①　新会社の設立

資本金の額の0.35％[53]（措法80①一）

53　登記を受ける者の一の計画に従って増加する資本金の額が3,000億円を超える場合には、その超える部分の金額については、0.7％となります（措法80①一、措令42の 6 ②）。

②　合併による新会社の設立又は資本金の額の増加

　ｉ　資本金の額の0.1％（消滅会社の資本金の額として一定の
　　金額に達するまでの資本金の額に対応する部分）（措法80①
　　二イ）

　ｉｉ　資本金の額の0.35％（ｉ以外の部分）[54]（措法80①二ロ）

③　分割による新会社の設立又は資本金の額の増加

　資本金の額の0.5％[55]（措法80①三）

2　不動産登記に係る登録免許税

　売買その他の手法により不動産の所有権を移転してその不動産登
記を受ける場合には、その不動産の価額に応じた登録免許税が課さ
れます（登免税法３、９、別表第１一）。不動産登記に係る登録免
許税については、下記(2)の土地の売買の特例、下記(3)の産業競争力
強化法等の特例により税負担の軽減が図られています。

(1)　原則

　不動産価額[56]の2.0％（合併の場合0.4％）（登免税法別表第１一

54　登記を受ける者の一の計画に従って増加する資本金の額が3,000億円
　を超える場合には、その超える部分の金額については、0.7％となりま
　す（措法80①二、措令42の６②）。

55　登記を受ける者の一の計画に従って増加する資本金の額が3,000億円
　を超える場合には、その超える部分の金額については、0.7％となりま
　す（措法80①三、措令42の６②）。

56　不動産の価額は、固定資産課税台帳に登録された価格とされていま
　す（登免税法附則７）。

（二）イ・ハ）

(2)　土地の売買の特例

　平成25年4月1日から令和5年3月31日までの売買による土地の移転は、不動産価額の1.5％（措法72①一）

(3)　産業競争力強化法等の特例

　産業競争力強化法の認定事業再編計画、中小企業等経営強化法の認定経営力向上計画の認定（期限：令和4年3月31日）に係る登記で認定の日から1年以内に登記を受ける場合には、登録免許税の軽減措置があります（措法80①③）。

　①　売買による不動産[57]の移転

　　不動産価額の1.6％（措法80①四、③一）

　②　合併による不動産の移転

　　不動産価額の0.2％（措法80①五、③二）

　③　会社分割による不動産の移転

　　不動産価額の0.4％（措法80①六、③三）

3　不動産取得税

　不動産を取得した者は、地方税である不動産取得税が課されます

57　令和5年3月31日までの間の売買による土地の移転の場合には、上記(2)の軽減税率の方が優先して適用されるため、事実上建物の移転に対する軽減税率となります。

（地法73の２①）。不動産取得税は、下記(2)の住宅又は土地の取得の特例等により税負担の軽減が図られています。また、下記(3)の合併、(4)の一定の分割については、非課税とされています。

(1)　原則

不動産価格[58]の4.0％（地法73の15）

(2)　住宅又は土地の取得の特例

平成18年４月１日から令和６年３月31日までの間の住宅又は土地の取得は、不動産価格の3.0％（地法附則11の２①）

(3)　合併の場合の非課税

合併による不動産の取得は、形式的な所有権の移転に該当するものとして非課税とされています（地法73の７二）。

(4)　分割の場合の非課税

分割のうち次の要件を満たすものは、合併と同様に形式的な所有権の移転に該当するものとして不動産取得税が非課税とされています（地法73の７二、地令37の14）。

58　基本的に固定資産課税台帳に登録された価格によることとされています（地法73の21①）。なお、宅地評価土地は、令和６年３月31日までの取得に限り、課税標準を不動産価格の１／２とします（地法附則11の５①）。また、中小企業等経営強化法の認定経営力向上計画に基づく令和４年３月31日までの一定の取得については、課税標準から不動産価格の１／６を控除します（地法附則11⑮）。

　なお、この要件は、支配関係がある場合の適格分割の適格要件（上記Ⅰ3(2)ロを参照してください。）と類似していますが、支配関係継続要件に相当する要件が無い点で異なっています。

① 　分割の対価として分割承継法人の株式以外の資産が交付されず、分割型分割の場合には、分割承継法人の株式が分割法人の株主が保有する分割法人の株式の割合に応じて交付されること（金銭等不交付要件）。

② 　分割により移転する事業（分割事業）に係る主要な資産負債が移転していること（主要資産負債引継要件）。

③ 　分割事業が分割承継法人において分割後に引き続き営まれる見込みであること（事業継続要件）。

④ 　分割直前の分割事業に係る従業者のおおむね80％以上が分割後に分割承継法人の業務に従事する見込みであること（従業者引継要件）。

4　消費税

　消費税の課税の対象は、基本的に「国内において事業者が行った資産の譲渡等」とされています（消法4①）。資産の譲渡等により資産を移転した場合には、その移転をした事業者には、原則として消費税が課され（消法5①）、移転を受けた事業者には、仕入税額控除が認められています（消法30他）。

　なお、消費税は、課税の対象のうち非課税、免税となるものがあり（消法6、7）、さらに課税事業者と免税事業者（消法9）の差

異、仕入税額控除におけるいわゆる一般課税（消法30他）と簡易課税（消法37）の差異等により、その実際の税負担が異なります。また、下記(2)、(3)のように合併や分割の場合には不課税取引となる等、その移転の手法により税負担が異なることがあります。

(1)　事業譲渡

事業譲渡は、原則として消費税法上の資産の譲渡等に該当し、土地・金銭債権の譲渡等の非課税取引に該当するものを除き、課税取引となります（消法2①八・九、4①、6①、別表第1他）。

事業譲渡では、資産と共に負債も一括して譲渡するため、譲渡代金の決済額は資産と負債の差額（ネットの金額）が基本となりますが、消費税の課税標準（税率を乗ずる課税ベースの金額）は、移転する負債の金額も含めます（消法28①、国税庁質疑応答事例〔消費税〕「営業の譲渡をした場合の対価の額」）。

例えば、移転資産（課税資産）1,000、移転負債600、支払対価（現金）400の場合、消費税の課税標準は、支払対価の400ではなく、移転負債600と支払対価400の合計の1,000となります。

$$\text{課税標準1,000} \begin{cases} \text{移転負債600／移転資産1,000} \\ \text{現　　金400／} \end{cases}$$

これを税抜金額と考えるならば、1,000×10％＝100を対価に上乗せして授受することになります。一方、これを税込金額と考えるならば、1,000×10/110＝90.9の消費税（地方消費税を含みます。）が1,000の中に含まれていることになります。

⑵　合併

　合併による資産の譲渡は、法人税法上の適格・非適格に係わらず、包括承継であり、「資産の譲渡等」に該当しないため、消費税の不課税取引となります。

　なお、非課税取引と不課税取引は、その対価の額について消費税が課されないという点では同じですが、課税売上割合の計算において、非課税取引は、原則としてその対価の額（非課税売上）を課税売上割合の分母に加算しますが、不課税取引は、その対価の額（不課税売上）を課税売上割合の計算で一切加味しない等、その取扱いが異なります（消法30⑥他）。

⑶　分割

　分割による資産の譲渡は、法人税法上の適格・非適格に係わらず、合併における被合併法人の権利義務の承継と同様の法的性格を有する包括承継であり、「資産の譲渡等」に該当しないため、消費税の不課税取引となります[59]。

5　移転コストのまとめ（事業譲渡と会社分割の対比）

　下記の表は、事業譲渡と会社分割の場合における移転コストの対比表です。このような表により比較すると、移転コストの差異が分

59　植松浩行編「回答実例　消費税質疑応答集」15頁（大蔵財務協会、平成23年）

かりやすくなります。

　なお、（）内の税率は、産業競争力強化法等による特例の適用を受ける場合のものであり、不動産取得税において、宅地評価土地は、課税標準が1／2となる等の特例があります。

＜事業譲渡と会社分割の場合の移転コストの早見表＞

税目	事業譲渡	会社分割
登録免許税（設立）	0.7％（0.35％）	0.7％（0.5％）
登録免許税（土地）	1.5％	2.0％（0.4％）
登録免許税（建物）	2.0％（1.6％）	2.0％（0.4％）
不動産取得税（土地）	3.0％	左に同じ。ただし一定の場合非課税
不動産取得税（建物）	原則4.0％ 住宅3.0％	左に同じ。ただし一定の場合非課税
消費税（土地）	非課税	不課税
消費税（建物）	課税	不課税

第2章

事業承継・
　M＆Aの事例検討

I 事業承継・グループ内 再編に関する事例検討

1 相続前の会社分割による事業承継

(1) 状況

　X社は、個人甲の100％出資により設立された株式会社です。X社においては、甲が代表取締役としてX社全体の経営を統括しています。X社は、本業（主要事業）のほかに不動産賃貸や株式投資等の資産運用事業も行っています。甲の相続人としては、子供の乙と丙がいます。乙は、現在取締役としてX社の主要事業の経営に従事しています。一方、丙は、X社の主要事業の経営には従事していません。甲としては、主要事業は乙に承継させて後継者として任せたいと考えていますが、その一方でX社の資産運用事業は、専ら外部の専門家に運用を任せていることもあり、丙に承継させたいと考えています。また、主要事業、資産運用事業のいずれも資産の含み益が生じており、資産の移転等による含み益に対する法人税の課税は避けたいと考えています。

　この場合、どのようにすれば甲の考えを実現できるでしょうか。

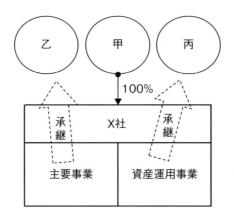

(2)　結論

　主要事業、資産運用事業をそれぞれ別法人（別会社）が保有（経営）する形態にして、主要事業を行う会社の株式を乙に、資産運用事業を行う会社の株式を丙にそれぞれ承継させることが考えられます。このような場合には、新設分割の分割型分割を活用することが適していると考えられます。

　X社が新設分割の分割型分割を行い、主要事業又は資産運用事業のいずれかを新設会社（以下、N社とします。）に移転させます（分割対価資産としてX社はN社株式の交付を受けます。）。分割型分割は、分割法人であるX社が分割対価資産であるN社株式をただちに（分割と同日に）その株主である甲に交付することになります。ここでは仮に、資産運用事業をN社に移転させることとします。

○　分割型分割による事業の移転

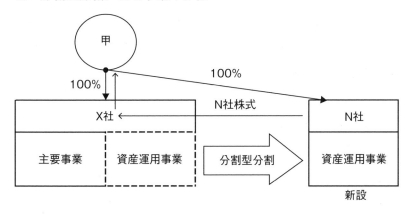

○　分割型分割後の形態

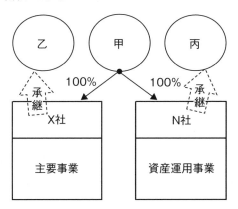

　この分割が適格分割に該当する場合には、移転する事業に属する
資産・負債は、帳簿価額により引継ぎが行われたものとされるため
(法法62の2②)、譲渡損益は生じません。本件の場合、移転する資
産は、その含み益につき課税されることなくN社に移転します。そ
の含み益は、N社においてその譲渡等が行われたときにN社におい

て課税されます。

　甲は、分割後のX社株式を乙に、N社株式を丙にそれぞれ相続、贈与又は譲渡により承継させることにより、主要事業を乙に、資産運用事業を丙に承継させることができます。

(3)　分割の課税関係

イ　適格要件

　分割が適格分割となる場合とは、①完全支配関係がある場合、②支配関係がある場合、③共同事業を行う場合、④独立して事業を行う場合（分割型分割の場合のみ）の4つの類型に分かれます。

　本件においては、①の完全支配関係がある場合の要件に該当するか否かをまず検討することになります。この場合の適格要件は、①金銭等不交付要件と②完全支配関係継続要件の2つになります（法法2十二の十一イ、法令4の3⑥他）。

ロ　金銭等不交付要件

　金銭等不交付要件とは、分割対価資産として分割承継法人又は分割承継親法人[60]のうちいずれか一の法人の株式以外の資産が交付されないこと（株式が交付される分割型分割にあっては、その株式が分割法人の発行済株式（自己株式を除きます。）の総数のうちに占

60　基本的に分割の直前に分割承継法人と分割承継法人以外の法人との間にその法人による完全支配関係（「直前完全支配関係」といいます。）があり、かつ、分割後に分割承継法人とその法人との間にその法人による完全支配関係が継続することが見込まれている場合におけるその直前完全支配関係がある法人をいいます。

める分割法人の各株主の有する分割法人の株式の数の割合に応じて交付されるものに限ります。すなわち、按分型の分割型分割であることを要件とします。）をいいます（法法２十二の十一、法令４の３⑤）。

　本件においては、新設分割においてＮ社株式のみが分割対価資産としていったんＸ社に交付され、それが直ちにＸ社の株主である甲に全部交付されます。分割対価資産として分割承継法人の株式以外の資産は交付されず、分割承継法人の株式は、分割法人の100％株主である甲に全部交付されることで按分型の分割型分割となります。

　したがって、本件の場合、金銭等不交付要件は満たされます。

八　完全支配関係継続要件

㈡　基本的な取扱い

　完全支配関係継続要件には、①当事者間の完全支配関係の場合と②同一の者による完全支配関係（法人相互の完全支配関係）の場合の２つに分かれます。ここでは、②同一の者による完全支配関係（法人相互の完全支配関係）の場合を対象とします。

　基本的には、分割前に分割法人と分割承継法人との間に同一の者による完全支配関係があり、かつ、分割後に分割法人と分割承継法人との間に同一の者による完全支配関係が継続することが見込まれていることをいいます（法令４の３⑥二）[61]。

　単独新設分割の場合には、分割前に分割承継法人は存在しないた

---

[61]　分割後に適格合併等が行われることが見込まれている場合には一定の特例があります。

め、基本的に分割後に分割法人と分割承継法人との間に同一の者による完全支配関係が継続することが見込まれていることをいいます（法令4の3⑥二ハ(2)）。

<同一の者による完全支配関係の場合の完全支配継続要件（新設分割）>

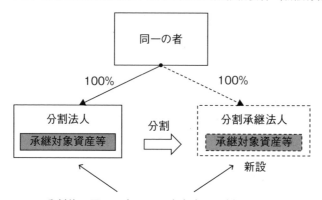

分割後に同一の者による完全支配関係
（法人相互の完全支配関係）が継続する見込み

㈡　分割型分割の場合の例外

　分割型分割[62]の場合には、上記の基本的な取扱いに対する例外が規定されており、例えば、単独新設分割である分割型分割が行われたときには、分割型分割後に同一の者と分割承継法人との間に同一の者による完全支配関係が継続することが見込まれていることが完全支配関係継続要件とされ、同一の者と分割法人との間に同一の者による完全支配関係が継続することが見込まれていることは不要に

62　分割対価を分割法人の株主と分割法人に交付する中間型の分割を除きます。

なっています（法令 4 の 3⑥二ハ(1)）。

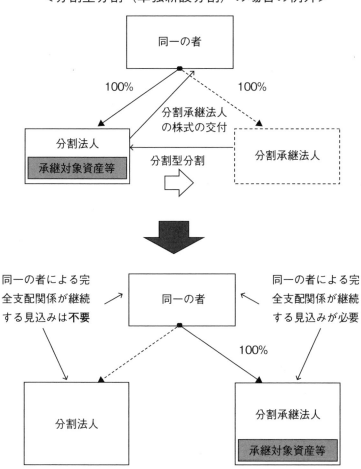

＜分割型分割（単独新設分割）の場合の例外＞

(ハ)　本件の場合

　本件の場合、単独新設分割である分割型分割後に分割法人X社と分割承継法人N社との間に同一の者甲による完全支配関係が生ずることになりますが、完全支配関係の継続が見込まれることが求められるのは、甲とN社との間の完全支配関係となります（甲とX社との間の完全支配関係が継続することが見込まれているとしてもなんら支障はありません。）。また、同一の者の範囲には、甲自身以外にその親族等の特殊関係者が含まれます（法令4①、4の2②）。甲がいずれN社株式を丙に承継させることを想定しているため、仮に甲とN社との間の完全支配関係の継続が見込まれないと考えたとしても、同一の者には丙も含まれるため、同一の者（ここでは甲と丙）とN社との間の完全支配関係の継続が見込まれるため、完全支配関係継続要件を満たすことになります。

　したがって、この分割は適格分割に該当し、移転する資産運用事業に係る含み益は、この分割により課税されることはありません。

二　甲の課税関係

　甲は、分割型分割により、N社株式の交付を受けますが、甲が保有するX社株式の取得価額の一部（X社の前期末簿価純資産価額に占める分割により移転する簿価純資産価額の割合分）がN社株式の取得価額に付け替えられるだけであり、一般株式等に係る譲渡所得等は生じません（措法37の10③二、所令113①③）。

⑷　**留意点**

　今回は、資産運用事業をN社に移転することを想定しましたが、資産運用事業の資産が主として不動産でその移転コスト（登録免許税、不動産取得税等）の負担が大きい場合には、主要事業をN社に移転することも想定されます（上記第1章Ⅵを参照してください。）。

2　相続後の会社分割による事業の分割

(1)　状況

　X社は、個人甲の100％出資により設立された株式会社であり、甲の死亡後に子供の乙と丙がそれぞれ50％ずつ株式を相続しています。現在、X社においては、2つの事業（A事業とB事業）を営んでおり、乙と丙がそれぞれ代表取締役として統括（乙がA事業、丙がB事業を統括）しています。

　相続後の当初にはそれなりに相乗効果等もあり、一つの会社で両事業を営むことに支障はなかったのですが、その後それぞれ営む事業内容の差異、方向性の違いが大きくなり、乙と丙は、このまま一つの会社で事業を行っていくことが困難であるとの認識で一致しています。そこで、乙と丙は、X社を2つの会社に分けて、一方の会社（A事業を営む会社）の株式を乙が100％保有し、他方の会社（B事業を営む会社）の株式を丙が100％保有する形態として、それぞれ独自に経営を行っていくことを検討しています。

　乙と丙は、A事業、B事業のいずれも資産の含み益が生じており、資産の移転等による含み益に対する法人税の課税は避けたいと考えています。

　この場合、どのようにすれば乙と丙の考えを実現できるでしょうか。

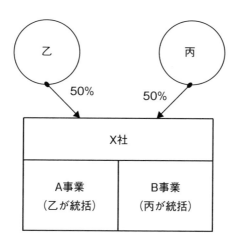

(2)　結論

　例えば、既存のＸ社でＡ事業を行い、新設会社（Ｎ社）でＢ事業
を行うこととし、Ｘ社株式の100％を乙が保有し、Ｎ社株式の100％
を丙が保有すれば、乙と丙の考えが実現することになります。

　そのためには、Ｘ社が新設分割の分割型分割を行い、Ｂ事業（に
属する資産負債）を新Ｎ社に移転させます（分割対価資産としてＸ
社はＮ社株式の交付を受けます。）。分割型分割は、分割法人である
Ｘ社が分割対価資産であるＮ社株式をただちに（分割と同日に）そ
の株主である乙、丙にその株式の保有割合に応じて交付することに
なります。

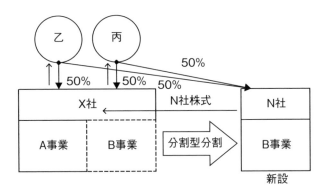

　そして、乙は、その保有するＮ社株式の全部（発行済株式の50％）を丙に譲渡し、丙は、その保有するＸ社株式の全部（発行済株式の50％）を乙に譲渡します。結果として、Ａ事業を行うＸ社の発行済株式の100％を乙が保有し、Ｂ事業を行うＮ社の発行済株式の100％を丙が保有する状態にすることができます。

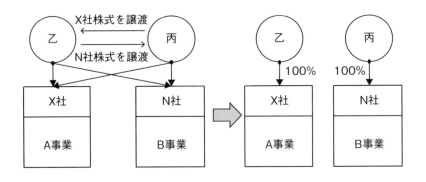

　この分割が適格分割に該当する場合には、移転する事業に属する資産・負債は、帳簿価額により引継ぎが行われたものとされるため

（法法62の２②）、譲渡損益は生じません。本件の場合、移転する資産は、その含み益につき課税されることなくＮ社に移転します。その含み益は、Ｎ社においてその譲渡等が行われたときにＮ社において課税されます。

　乙が行うＮ社株式の譲渡、丙が行うＸ社株式の譲渡は、一般株式等に係る譲渡所得等として課税（申告分離課税、所得税及び復興特別所得税15.315％、住民税５％）されます（措置法37の10①、復興財確法13、地法附則35の２①⑤）。

(3)　分割の課税関係

　分割が適格分割となる場合とは、①完全支配関係がある場合、②支配関係がある場合、③共同事業を行う場合、④独立して事業を行う場合（分割型分割の場合のみ）の４つの類型に分かれます。

　本件においては、①の完全支配関係がある場合の要件に該当するか否かをまず検討することになります。この場合の適格要件は、①金銭等不交付要件と②完全支配関係継続要件の２つになります（法法２十二の十一イ、法令４の３⑥他）。

イ　金銭等不交付要件

　金銭等不交付要件とは、分割対価資産として分割承継法人又は分割承継親法人[63]のうちいずれか一の法人の株式以外の資産が交付さ

63　基本的に分割の直前に分割承継法人と分割承継法人以外の法人との間にその法人による完全支配関係（「直前完全支配関係」といいます。）があり、かつ、分割後に分割承継法人とその法人との間にその法人による完全支配関係が継続することが見込まれている場合におけるその

れないこと（株式が交付される分割型分割にあっては、その株式が
分割法人の発行済株式の総数のうちに占める分割法人の各株主の有
する分割法人の株式の数の割合に応じて交付されるものに限ります。
すなわち、按分型の分割型分割であることを要件とします。）をい
います（法法2十二の十一、法令4の3⑤）。

　本件においては、新設分割においてN社の株式のみが分割対価資
産としていったんX社に交付され、それが直ちにX社の株主である
乙及び丙に全部交付されます。分割対価資産として分割承継法人の
株式以外の資産は交付されず、分割承継法人N社の株式は、分割法
人X社の株主である乙及び丙にそのX社の発行済株式の総数のうち
に占めるそれぞれ保有する割合（各々50％）で交付されることで
按分型の分割型分割となります。

　したがって、本件の場合、金銭等不交付要件は満たされます。

口　完全支配関係継続要件

㋑　基本的な取扱い

　完全支配関係継続要件には、①当事者間の完全支配関係の場合と
②同一の者による完全支配関係（法人相互の完全支配関係）の場合
の2つに分かれます。ここでは、②同一の者による完全支配関係
（法人相互の完全支配関係）の場合を対象とします。

　基本的には、分割前に分割法人と分割承継法人との間に同一の者
による完全支配関係があり、かつ、分割後に分割法人と分割承継法
人との間に同一の者による完全支配関係が継続することが見込まれ

　　　直前完全支配関係がある法人をいいます。

166

ていることをいいます（法令4の3⑥二）[64]。

　新設分割の場合には、分割前に分割承継法人は存在しないため、分割後に分割法人と分割承継法人との間に同一の者による完全支配関係が継続することが見込まれていることをいいます（法令4の3⑥二ハ(2)）。

＜同一の者による完全支配関係の場合の完全支配継続要件（新設分割）＞

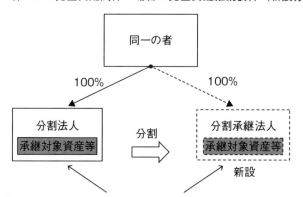

㈡　分割型分割の場合の例外

　分割型分割[65]の場合には、上記の基本的な取扱いに対する例外が規定されており、例えば、単独新設分割である分割型分割が行われたときには、分割型分割後に同一の者と分割承継法人との間に同一

64　分割後に適格合併等が行われることが見込まれている場合には一定の特例があります。

65　分割対価を分割法人の株主と分割法人に交付する中間型の分割を除きます。

の者による完全支配関係が継続することが見込まれていることが完全支配関係継続要件とされ、同一の者と分割法人との間に同一の者による完全支配関係が継続することが見込まれていることは不要になっています（法令4の3⑥二ハ(1)）。

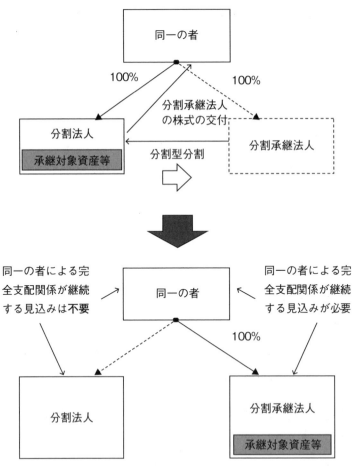

＜分割型分割（単独新設分割）の場合の例外＞

(ハ)　本件の場合

　本件の場合、単独新設分割である分割型分割後に分割法人Ｘ社と分割承継法人Ｎ社との間に同一の者（乙及び丙[66]）による完全支配関係が生ずることになりますが、完全支配関係の継続が見込まれることが求められるのは、乙及び丙とＮ社との間の完全支配関係となります（乙及び丙とＸ社との間の完全支配関係が継続することが見込まれているとしてもなんら支障はありません。）。本件の場合、乙は、交付を受けたＮ社株式の全部を丙に譲渡してＮ社株式を保有しなくなりますが、同一の者の中での譲渡であり、乙及び丙という同一の者によるＮ社の完全支配関係には影響を及ぼしません。丙は、乙から譲渡を受けた分を含めてＮ社株式の100％を保有し続ける見込みですから、同一の者（乙及び丙）とＮ社との間の完全支配関係の継続が見込まれるため、完全支配関係継続要件を満たすことになります。

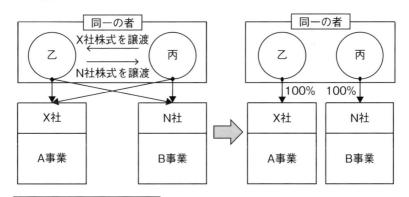

66　一の者が個人の場合には、一の個人とその親族その他の特殊関係のある個人を含めて判定することになっています（法令4①、4の2②）。本件の場合には、乙と丙は兄弟（親族）の間柄ですので、乙と丙で一の者と判定されます。

　したがって、この分割は適格分割に該当し、移転するB事業に係る資産の含み益は、この分割により課税されることはありません。

八　乙及び丙の課税関係

　乙及び丙は、互いにその保有するN社株式及びX社株式を譲渡するため、その譲渡について、一般株式等に係る譲渡所得等として課税（申告分離課税、所得税及び復興特別所得税15.315％、住民税5％）されます（措置法37の10①、復興財確法13、地法附則35の2①⑤）[67]。

　なお、乙及び丙は、それぞれN社株式の50％とX社株式の50％をそれぞれ譲渡することになりますが、必ずしもその2つが等価であるとは限らず、また、その譲渡により生ずる譲渡益の金額も同じであるとは限らないため、その税負担も異なる可能性があります。

---

[67]　譲渡金額が著しく低い価額となる場合には、低額譲受として譲受側に贈与税が生じることになります（相法7）。

3　親族以外の事業承継候補者の株式取得

(1)　状況

　X社は、代表取締役甲の100％出資により設立された株式会社です。この度、甲は、病気により業務を継続することが困難になり、引退することを考えていますが、甲の子供その他親族はX社には在籍しておらず、親族内に適当な後継者はいません。そこで、長年従業員として勤務し、現在は取締役に就任しX社の業務全般に精通している乙（甲とは親族関係になく、それ以外の特殊関係もありません。）に承継させたいと考えています。また、甲としては、株式の贈与は行わず、乙に株式の時価相当額で買い取ってもらいたいと考えています。ただし、乙にはX社株式を即座に買い取る資金はありませんので、金融機関から借入れをした上で買い取ることになります。

　この場合、乙自身が借入れをしてX社株式を購入することが適当でしょうか。それとも他に適当な方法があるでしょうか。

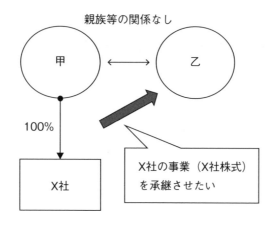

(2)　結論

　乙自身が借入れをしてX社株式を取得するという方法の他に、乙がX社株式を取得する新会社を設立し、その新会社が借入れをしてX社株式を取得するという方法も考えられます。いずれの場合もX社から返済原資を得る方法及びその課税関係が論点となります。

(3)　乙自身が取得する場合

　乙自身が借入れをしてX社株式を取得する場合、乙がどのようにしてその借入金の返済原資を得るかが問題となります。一つには、X社からの剰余金の配当を得るという方法があります。その場合、その借入金に対する支払利子は、配当所得を生ずべき株式を取得するために要した負債利子として、配当所得の計算上、配当の収入金額から差し引くことができます（所法24②、所令59）。しかしながら、借入金元本の返済まで考えた場合、支払利子以上の配当金を得なければならず、その部分については配当所得として課税対象にな

ります（所法24①）。

　または、X社からの役員報酬により返済原資を得ることも考えられますが、それも給与所得として課税対象となり（所法28）、いずれにしても甲の税引後の収入金額から返済原資を捻出しなければなりません。

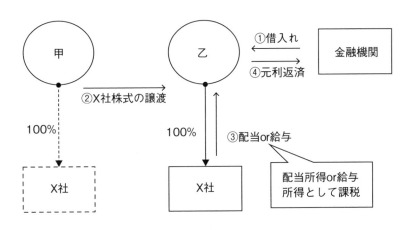

⑷　新会社が取得する場合

　一方、乙がＸ社株式を取得するために新会社（Ｎ社）を設立し、Ｎ社が借入れをしてＸ社株式を取得する場合、Ｎ社がどのようにしてＸ社からその借入金の返済原資を得るかが問題となります。

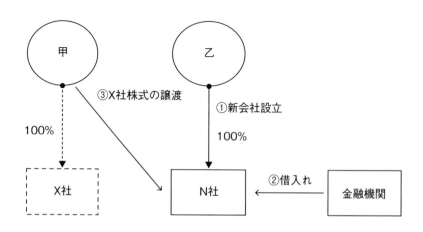

　この場合、Ｎ社がＸ社から剰余金の配当を得るという方法があります。剰余金の配当については、受取配当等の益金不算入の規定の適用があります。100％子会社の株式は、基本的に完全子法人株式等に該当し（法法23⑤）、完全子法人株式等からの配当は、控除負債利子を適用せずにその全額が益金不算入となります（法法23①）[68]。

68　厳密には、配当に係る計算期間（基本的に前回の配当基準日の翌日から今回の配当基準日までの期間であり、今回の配当基準日以前1年以上無配の場合等には、1年間）中継続して完全支配関係があることが必要です。したがって、設立以来無配又は1年以上の期間無配が続いている場合には、株式取得後最初の配当について完全子法人株式等からの配当とするためには、取得から1年以上経過していることが必要になります（法法23⑤、法令22の2②一）。ただし、みなし配当の

　N社では、借入金に対する支払利息が損金算入される一方、X社からの配当金はその全額が益金不算入となるため、基本的に欠損金が生ずる会社となるものと思われます。

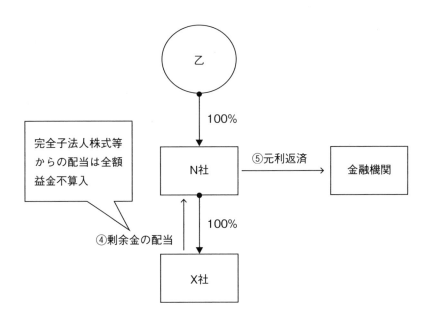

⑸　合併の検討

　上記⑷のN社は、基本的に益金不算入となる配当以外に収入が無く、支払利息の損金が生じることから欠損金が生ずる状態になります。したがって、更なる効率化を図ることを考えた場合、N社とX

場合には、効力発生日の前日に完全支配関係があれば完全子法人株式等からの配当に該当します（法令22の2①）。また、配当に係る源泉所得税に対する所得税額控除もみなし配当を除き、その計算期間中の保有状況により控除額が決まるためその点も留意しなければなりません（法法68①、法令140の2）。

社とが合併して1つの法人とすることが考えられます。例えば、合併後の支払利息は、合併後に生ずる所得と通算することができます。

イ　適格要件の検討

　合併が適格合併となる場合とは、①完全支配関係がある場合、②支配関係がある場合、③共同事業を行う場合に分かれます。

　本件においては、完全支配関係がある場合の要件に該当するか否かをまず検討することになります。この場合の適格要件は、①金銭等不交付要件と②完全支配関係継続要件の2つとなります（法法2二の八イ、法令4の3②他）。

　ここでは、N社を合併法人、X社を被合併法人として吸収合併を行う場合を検討します。

ロ　金銭等不交付要件

　金銭等不交付要件とは、被合併法人の株主に合併法人又は合併親法人[69]のうちいずれか一の法人の株式以外の資産（株主に対する剰余金の配当等として交付される金銭その他の資産、合併に反対する株主に対するその買取請求に基づく対価として交付される金銭その他の資産及び合併の直前において合併法人が被合併法人の発行済株式（自己株式を除きます。）の総数の2/3以上に相当する数の株式

69　基本的に合併の直前に合併法人と合併法人以外の法人との間にその法人による完全支配関係（「直前完全支配関係」といいます。）があり、かつ、合併後に合併法人とその法人との間にその法人による完全支配関係が継続することが見込まれている場合におけるその直前完全支配関係がある法人をいいます。

を有する場合における合併法人以外の株主に交付される金銭その他の資産を除きます。）が交付されないことをいいます（法法２十二の八、法令４の３①）。

　本件の場合、N社は、X社の発行済株式の全部を保有していますが、会社法上、吸収合併存続会社が吸収合併消滅会社の株式を保有することにより吸収合併消滅会社の株主であったとしても、吸収合併存続会社が自己に対して合併対価を交付することは認められていません（会社法749①三）。したがって、本件の場合、合併対価は交付されない無対価となります。無対価であっても金銭等不交付要件は満たすことになります。

八　完全支配関係継続要件

　完全支配関係継続要件には、当事者間の完全支配関係の場合と同一の者による完全支配関係（法人相互の完全支配関係）の場合の２つに分かれます。ここでは、当事者間の完全支配関係の場合を対象とします。

　当事者間の完全支配関係の場合は、被合併法人と合併法人との間にいずれか一方の法人による完全支配関係（合併が無対価合併である場合にあっては、合併法人が被合併法人の発行済株式（自己株式を除きます。）の全部を保有する関係に限ります。）がある場合には、要件を満たすことになります（法令４の３②一）。

＜当事者間の完全支配関係がある場合の完全支配関係継続要件＞

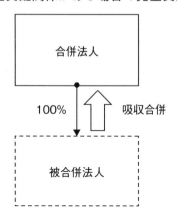

　本件の場合、無対価合併であり、合併法人N社は被合併法人X社の発行済株式の全部を保有していますので、完全支配関係継続要件を満たすことになります。

　以上のことから、本件の場合には、適格合併となります。X社の資産負債が帳簿価額のままN社に引き継がれることになり、N社、X社ともに課税関係は生じません（法法62の2①他）。

二　逆さ合併の場合

　ここまでN社を合併法人、X社を被合併法人とする前提で検討しましたが、様々な事情、例えば、許認可等が合併により承継されない等により、X社を合併法人、N社を被合併法人とせざるを得ない場合、いわゆる逆さ合併を行う場合もあると思われます。

　逆さ合併の場合、合併法人X社は、被合併法人N社の株主（乙）

に対して合併対価を交付することになりますが、Ｘ社株式のみを交付することで金銭等不交付要件を満たすことになります。

　完全支配関係継続要件については、当事者間の完全支配関係の場合は、被合併法人と合併法人との間にいずれか一方の法人による完全支配関係がある場合には、要件を満たすことになります（法令４の３②一）。これは、逆さ合併の場合であっても、変わることはありません。Ｘ社とＮ社との間には、Ｎ社による完全支配関係がありますので、完全支配関係継続要件を満たすことになります。

<＜逆さ合併＞>

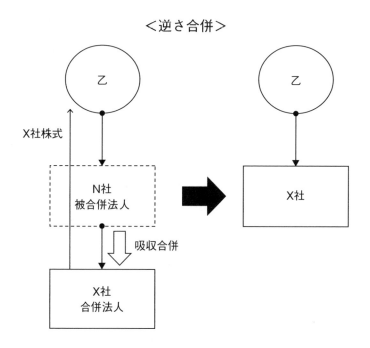

　なお、この場合、Ｎ社が保有するＸ社株式がＸ社に引き継がれる

こと（自己株式の取得）になります。税務上は、X社において、N社におけるX社株式の帳簿価額相当額の資本金等の額が減少することになります（法令8①二十一ロ）。

ホ　繰越欠損金の引継ぎ等

　以上のように、本件の場合、適格合併となり譲渡課税は生じないのですが、この場合の留意点は、X社にN社による買収前に生じた繰越欠損金や資産の含み損があるか否かという点になります。

　適格合併の場合、基本的に被合併法人の繰越欠損金や資産の含み損はそのまま合併法人に引き継がれますが（法法57②、62の2①④、法令123の3③他）、支配関係がある法人間で適格合併が行われた場合には、繰越欠損金の引継ぎ制限及び特定資産譲渡等損失額の損金不算入の規定があるためです（法法57③、62の7①他）。これは逆さ合併の場合であっても同様の取扱いとなります（法法57④、62の7①他）。

　「みなし共同事業要件」（上記第1章Ⅰ7(3)参照）を満たす適格合併の場合には、繰越欠損金の引継ぎ等の制限を受けませんが（法法57③④、法法62の7①、法令112③他）、本件のN社はX社株式の買収をするためだけの会社であり、X社の事業との間に事業関連性が見出しがたく事業関連性要件を満たさないため、みなし共同事業要件を満たすことは困難と思われます。

　この場合において、繰越欠損金の引継ぎ制限・特定資産譲渡等損失額の損金不算入の規定の適用を受けないためには、基本的に買収による支配関係成立から5年間は合併を行わないことが必要になり

ます（法法57③、62の7①、法令112④、123の8①他）。

4　株式交換による兄弟会社の関係から親子会社の関係への変更

(1)　状況

　X社は、飲食店業を営む会社であり、Y社は、X社がその店舗で使用する飲食品の加工等を行い、X社に納入する製造業を営む会社であり、ともに甲一族（親族）が発行済株式の全部を保有し、甲一族が経営する会社です（X社とY社の株主及びその株式の保有割合は同じです。）。X社では、今後の事業展開のための資金調達及び事業提携のために、同じ飲食店業を営むA社（X社、Y社との資本関係はありません。）に対して第三者割当増資を行うことを計画しています（増資後のX社は、甲一族が発行済株式総数の70％、A社が発行済株式総数の30％をそれぞれ保有する状態になります。）。

　今回の第三者割当増資を行うにあたって、A社からは、Y社をX社の100％子会社とすることを条件として出されています（Y社はX社の100％子会社になること以外には特に変更はない予定です。）。甲一族としては、Y社をX社の100％子会社とすること自体は問題ありません。ただし、Y社株式の移転により譲渡益に対して課税が生じることは避けたいと考えています。

　この場合、どのようにすれば甲一族の考えを実現できるでしょうか。

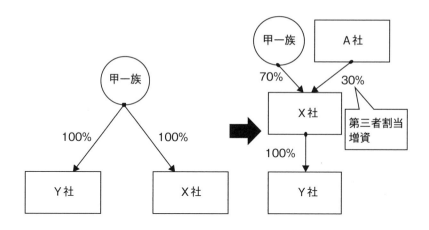

(2)　結論

　X社を株式交換完全親法人、Y社を株式交換完全子法人とする株式交換を行うことでY社をX社の100%子会社とすることが可能です。この場合、X社株式のみを交付する又は無対価とすることにより、甲一族がX社に移転するY社株式について譲渡課税は行われません。また、支配関係がある場合の適格要件を満たすことにより適格株式交換[70]に該当し、Y社に時価評価課税は行われないことになります。

70　正確には、株式交換のほか、全部取得条項付種類株式、株式併合又は株式売渡請求の手法により少数株主を排除して法人間の100%親子関係（完全支配関係）を成立させる一定のもの（スクイーズアウト）を含めて、「適格株式交換等」といいますが（法法２十二の十七）、本項では、株式交換のみを対象として解説することからあえて「適格株式交換」と呼びます。

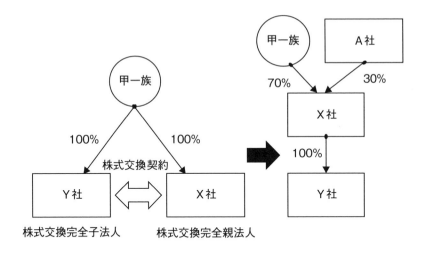

(3)　株式交換の課税関係

　株式交換が適格株式交換となる場合とは、①完全支配関係がある場合、②支配関係がある場合、③共同事業を行う場合の3つの類型に分かれます。

　本件においては、①の完全支配関係がある場合の要件に該当するか否かをまず検討することになります。この場合の適格要件は、①金銭等不交付要件と②完全支配関係継続要件の2つになります（法法2十二の十七イ、法令4の3⑱他）。

イ　金銭等不交付要件

　金銭等不交付要件とは、株式交換完全子法人の株主に株式交換完全親法人又は株式交換完全支配親法人[71]のうちいずれか一の法人の

71　基本的には、株式交換の直前に株式交換完全親法人と株式交換完全親法人以外の法人との間にその法人による完全支配関係（「直前完全

株式以外の資産（株主に対する剰余金の配当として交付される金銭その他の資産、株式交換に反対する株主に対するその買取請求に基づく対価として交付される金銭その他の資産、株式交換の直前において株式交換完全親法人が株式交換完全子法人の発行済株式（株式交換完全子法人が有する自己の株式を除きます。）の総数の2/3以上に相当する数の株式を有する場合における株式交換完全親法人以外の株主に交付される金銭その他の資産を除きます。）が交付されないことをいいます（法法2十二の十七、法令4の3⑰）。

　本件の場合、株式交換完全親法人であるＸ社が株式交換完全子法人の株主である甲一族（の各株主）にＸ社株式のみを交付することで金銭等不交付要件を満たすことになります。また、金銭等不交付要件は、対価を交付しない無対価の場合であっても満たすことになりますので、本件の場合、Ｘ社株式その他の資産を一切交付しない無対価の株式交換であっても金銭等不交付要件を満たすことになります。

ロ　完全支配関係継続要件

㈠　規定の内容

　株式交換前に株式交換完全子法人と株式交換完全親法人との間に同一の者による完全支配関係がある場合には、株式交換後に同一の者と株式交換完全親法人との間に同一の者による完全支配関係が継

支配関係」といいます。）があり、かつ、株式交換後に株式交換完全親法人とその法人との間にその法人による完全支配関係が継続することが見込まれている場合におけるその直前完全支配関係がある法人をいいます（法法2十二の十七、法令4の3⑰）。

続する見込みであること及び株式交換後に同一の者と株式交換完全子法人との間に同一の者による完全支配関係が継続する見込みである場合には、完全支配関係継続要件を満たすことになります（法令4の3⑱二）。

<同一の者による完全支配関係がある場合の完全支配関係継続要件>

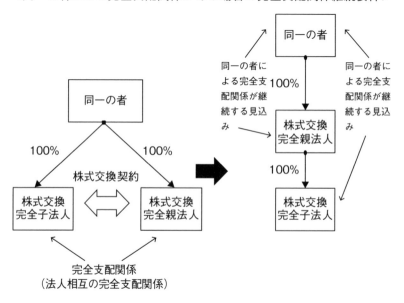

なお、株式交換が無対価株式交換である場合にあっては、株式交換前の完全支配関係について、株式交換完全子法人の株主（株式交換完全子法人及び株式交換完全親法人を除きます。）及び株式交換完全親法人の株主（株式交換完全親法人を除きます。）の全てについて、その者が保有する株式交換完全子法人の株式の数の株式交換完全子法人の発行済株式（自己株式及び株式交換完全親法人が保有

する株式交換完全子法人の株式を除きます。）の総数のうちに占める割合とその者が保有する株式交換完全親法人の株式の数の株式交換完全親法人の発行済株式（自己株式を除きます。）の総数のうちに占める割合とが等しい場合における株式交換完全子法人と株式交換完全親法人との間の関係（「株主均等割合保有関係」といいます。）がある場合に限定されます（法令4の3⑱二）。これは、両法人の株主構成、持株比率が等しい場合を指します。

＜株主均等割合保有関係＞

　上記の図の場合には、株式交換完全子法人、株式交換完全親法人は、株主構成（株主が甲、乙）、持株比率（甲X％、乙Y％）が等しい状況にあります。

187

㈺　本件の場合

株式交換前には、株式交換完全子法人Ｙ社と株式交換完全親法人Ｘ社との間に甲一族（親族）という同一の者による完全支配関係があり、かつ、Ｙ社とＸ社は株主構成が同一であることから株主均等割合保有関係もありますが、株式交換後に株式交換完全親法人Ｘ社では、Ａ社に対して第三者割当増資により新株発行することから、完全支配関係の継続は見込まれません。

したがって、完全支配関係継続要件は満たさないことになります。

ハ　支配関係がある場合の適格要件

次に支配関係がある場合の適格要件を検討します。この場合の適格要件は、①金銭等不交付要件、②支配関係継続要件、③従業者継続従事要件、④事業継続要件となります（法法２十二の十七ロ⑴⑵他)。

①金銭等不交付要件は、既にイで検討したとおり、満たされることになります。

②支配関係継続要件は、ロで説明したところの完全支配関係が支配関係に置き換わったものとなります（法令４の３⑲二)。本件の場合、株式交換後に株式交換完全親法人Ｘ社がＡ社に対して第三者割当増資により新株発行しますが、その後でも甲一族は、Ｘ社の発行済株式の70％を保有することから、甲一族とＸ社の支配関係、甲一族とＹ社の支配関係はそれぞれ継続することが見込まれています。

したがって、支配関係継続要件を満たすことになります（無対価の場合でも株主均等割合保有関係にあることから満たすことになります。)。

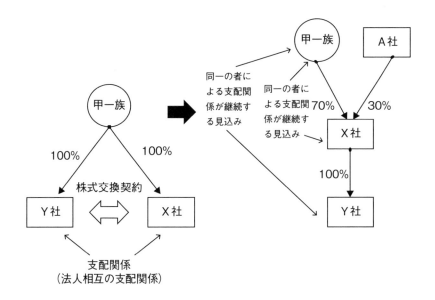

　③従業者継続従事要件は、株式交換直前の従業者のおおむね80%
以上が株式交換後に株式交換完全子法人の業務に引き続き従事する
ことが見込まれている場合には満たされます（法法２十二の十七ロ
(1)）。本件の場合、Ｙ社において株式交換前後で同じ状態が継続す
る予定であることから満たすことになります。

　④事業継続要件は、株式交換完全子法人の主要な事業が株式交換
後に株式交換完全子法人において引き続き行われることが見込まれ
ている場合には満たされます（法法２十二の十七ロ(2)）。本件の場
合、Ｙ社において株式交換前後で同じ状態が継続する予定であるこ
とから満たすことになります。

　以上のことから、本件の場合、支配関係がある場合の適格要件を
全て満たすことになりますので、適格株式交換に該当することにな

ります。

二　甲一族の課税関係

　甲一族の各株主は、その保有する Y 社株式の取得価額が X 社株式の取得価額に付け替えられるだけであり、Y 社株式につき一般株式等に係る譲渡所得等は生じません（所法57の 4 ①、所令167の 7 ⑤他）。

ホ　Y社の課税関係

　適格株式交換に該当しますので、株式交換完全子法人 Y 社では時価評価資産の時価評価課税は行われません（法法62の 9 ①）[72]。

72　仮に非適格株式交換であったとしても、株式交換完全子法人 Y 社と株式交換完全親法人 X 社との間には完全支配関係がありますので、グループ法人税制の適用により時価評価課税は行われません（法法62の 9 ①。上記第 1 章Ⅳ 2 を参照してください。）。

5　株式移転によるグループ内の複雑な資本関係の整理

(1)　状況

　甲と乙は兄弟であり、共同でグループ企業を経営しています。グループ企業は、A社、B社、C社、D社、E社の5社（いずれも株式会社）があります。その資本関係は、下記図のとおり複雑になっています。甲と乙は、今後の株式の相続等によりさらに資本関係が複雑化することを憂慮し、このような複雑な資本関係を整理しようと考えています。整理後の形としては、グループの頂点となる持株会社（H社）の下にA社ないしE社が完全子会社としてぶら下がる形を考えています。そして、H社の株式を甲と乙が共同で保有するというものです。

　このような場合、どのような手法を用いればよいでしょうか。

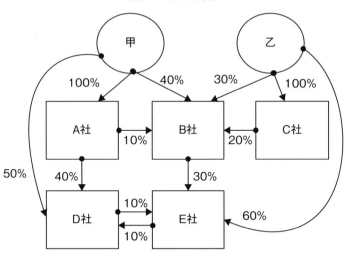

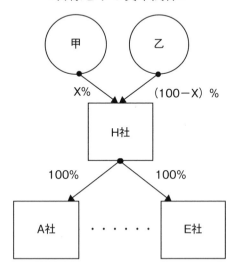

(2)　結論

　持株会社を設立して既存の会社の全てをその完全子会社とする形態を作るには、株式移転の手法を用いることが適していると考えられます。この株式移転が適格株式移転に該当する場合には、株式移転完全子法人となるA社ないしE社が保有する資産に対する時価評価課税は行われません（法法62の9①）。また、A社ないしE社の各株主がそれらの会社の株式をH社に移転させる場合も譲渡課税は行われません（法法61の2⑪他）。

　なお、A社ないしE社には、親会社であるH社株式が交付され親子間で持合の状態が生じますのでその解消を検討する必要があります（その点は、下記(4)で述べます。）。

(3)　株式移転の課税関係

　株式移転が適格株式移転となる場合とは、①完全支配関係がある場合、②支配関係がある場合、③共同事業を行う場合の3つの類型に分かれます。

　本件においては、①の完全支配関係がある場合の要件に該当するか否かをまず検討することになります。この場合の適格要件は、①金銭等不交付要件と②完全支配関係継続要件の2つになります（法法2十二の十八イ、法令4の3㉑）。

イ　金銭等不交付要件

　金銭等不交付要件とは、株式移転完全子法人の株主に株式移転完全親法人の株式以外の資産（株式移転に反対する株主に対するその買取請求に基づく対価として交付される金銭その他の資産を除きます。）が交付されないことをいいます（法法2十二の十八）。

　本件の場合、株式移転完全子法人は、A社ないしE社が該当し、その各株主（甲、乙、株式の持合の関係にあるA社ないしE社）に対して株式移転完全親法人となるH社株式のみが交付されます。

　したがって、本件の場合、金銭等不交付要件を満たすことになります。

ロ　完全支配関係継続要件

㈠　規定の内容

　本件の場合、2以上の株式会社が共同で行う株式移転であり、同一の者による完全支配関係がある場合の完全支配関係継続要件に該当するか否か検討することになります。その場合には、株式移転前に同一の者と各株式移転完全子法人の間において同一の者による完全支配関係があり、株式移転後に同一の者と株式移転完全親法人との間に同一の者による完全支配関係が継続する見込みであること及び株式移転後に同一の者と各株式移転完全子法人との間において同一の者による完全支配関係が継続する見込みであることが求められています（法令4の3㉑）。

＜同一の者による完全支配関係がある場合の完全支配関係継続要件＞

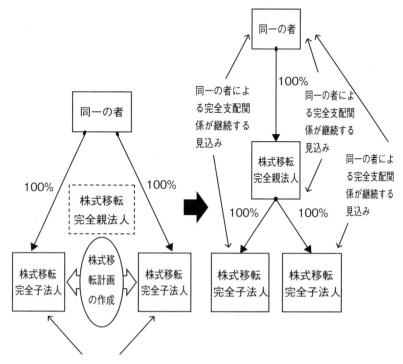

⑩　本件の場合

　本件の場合、資本関係が複雑になっていますが、A社ないしE社は、いずれも甲・乙（親族）という同一の者による完全支配関係があり（法令4①、4の2②）、株式移転後には、甲・乙と株式移転完全親法人H社との間に甲・乙による完全支配関係が継続する見込みであり、甲・乙とA社からE社との間に甲・乙による完全支配関係が継続する見込みであることから完全支配関係継続要件を満たすことになります。したがって、この株式移転は適格株式移転に該当します。

　なお、D社とE社との間で相互に株式の持合いの状態にありますが、株式が相互に持合いの状態にある場合の完全支配関係の判定については、その資本関係がグループ内で完結している関係にあれば、完全支配関係にあると判定することとされています（国税庁情報「『平成22年度税制改正に係る法人税質疑応答事例（グループ法人税制関係）（情報）』問4　資本関係がグループ内で完結している場合の完全支配関係」）。本件の場合には、甲・乙を頂点とするグループ内で資本関係が完結していますので、D社、E社も含めて全て完全支配関係にあります。この考え方は、株式移転後にA社ないしE社がH社株式の交付を受けてH社とA社ないしE社との間で株式の持合いの状態になる場合（下記(4)を参照してください。）においても同様であり、株式移転後にはH社及びA社ないしE社は、全て甲・乙による完全支配関係があることになります。

＜現状の資本関係＞

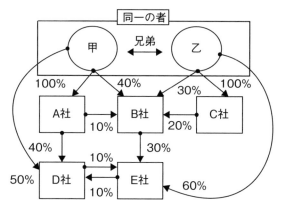

A社ないしE社は、甲・乙による完全支配関係がある。

＜目標とする資本関係＞

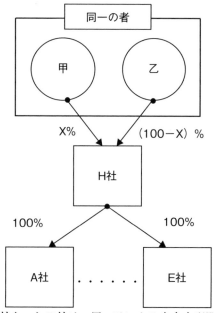

H社及びA社ないしE社は、甲・乙による完全支配関係がある。

197

したがって、この株式移転により株式移転完全子法人A社ないしE社では、保有する時価評価資産の時価評価課税は行われません（法法62の9①）。なお、仮に非適格株式移転に該当したとしても、株式移転完全子法人A社ないしE社は、いずれも甲・乙による完全支配関係がありますので、グループ法人税制の適用により時価評価課税は行われません（法法62の9①。上記第1章Ⅳ2を参照してください。）。

A社ないしE社の株式を保有する者は、その保有する株式をH社に譲渡し、H社株式の交付を受けます。この場合、簿価譲渡となり、譲渡損益は繰り延べられます（法法61の2①⑪）。これは、個人である甲・乙も同様です（所法57の4②、所令167の7⑥）。

⑷　株式移転による親株式保有と現物分配

イ　概要

株式移転は、株式移転完全子法人の株主に株式移転完全子法人株式と引き換えに株式移転完全親法人株式が交付されるため、株式移転完全子法人が他の株式移転完全子法人株式を保有している場合には、その株式移転完全子法人に対して株式移転完全親法人株式が交付されることになります（会社法773①）[73]。本件の場合もA社ないしE社は、それぞれ他の子会社株式を保有しているため、株式移転によりA社ないしE社は、親会社株式であるH社株式の交付を受け

73　会社法上は、原則として親会社株式の取得は禁止されています（会社法135①）。ただし、その保有する株式の発行会社が行う株式移転により親会社株式の交付を受ける場合は、その例外とされています（会社法135②五、会社法施行規則23七ニ）。

て保有することになります。

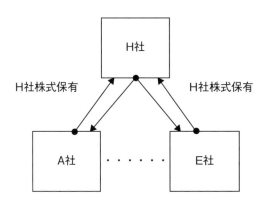

　親会社株式は、相当の時期に処分しなければならないこととされ
ていますので（会社法135③）、A社ないしE社は、親会社株式であ
るH社株式を処分することになります。その処分の方法は様々あり
ますが、ここでは、H社株式の現物分配を検討します。

□　現物分配の検討

㈠　現物分配の意義

　現物分配とは、法人（公益法人等及び人格のない社団等を除きま
す。）がその株主に対しその法人の次に掲げる事由により金銭以外
の資産の交付をすることをいいます（法法2十二の五の二）。

　①　剰余金の配当（株式又は出資に係るものに限るものとし、分
　　　割型分割によるものを除きます。）若しくは利益の配当（分割
　　　型分割によるものを除きます。）又は剰余金の分配（出資に係

るものに限ります。)

② 解散による残余財産の分配

③ 自己の株式又は出資の取得（市場における購入等一定のものを除きます。)

④ 出資の消却、出資の払戻し、社員その他法人の出資者の退社又は脱退による持分の払戻しその他株式又は出資をその発行した法人が取得することなく消滅させること

⑤ 組織変更

(ロ) 適格要件

現物分配は、組織再編税制の手法の1つであるとともに、グループ法人税制の一環としても位置付けられています。そのため、その適格要件は、他の組織再編税制の手法と大きくことなり、完全支配関係がある場合の類型のみとなっており、その具体的な要件は、以下のとおりです（法法2十二の五の二、十二の十五）。

① 内国法人を現物分配法人（現物分配により資産の移転を行った法人をいいます。)とする現物分配であること

② その現物分配により資産の移転を受ける者がその現物分配の直前において現物分配法人との間に完全支配関係がある内国法人（普通法人又は協同組合等に限ります。)のみであること

(ハ) 課税関係

非適格現物分配の場合には、現物分配により移転させる資産を時価で譲渡したものとして現物分配法人において、譲渡損益が計上さ

れます（法法22他）。現物分配により資産の移転を受けた法人（「被現物分配法人」といいます。）においては、移転を受けた資産を時価で取得したものとされ、その収益については、金銭配当と同様に、受取配当等の益金不算入の規定等の適用を受けます（法法２十二の五の三、23他）。

<非適格現物分配の処理（利益剰余金の配当により現物分配を行った場合）>
○　現物分配法人の処理

利益積立金額	○○	資産	△△
		譲渡益	××

○　被現物分配法人の処理

資産	○○	受取配当金（注）	○○

（注）　受取配当等の益金不算入の規定等の適用があります。

　適格現物の場合、現物分配法人が被現物分配法人にその現物分配により移転させる資産は、帳簿価額による譲渡をしたものとされます（法法62の５③）。被現物分配法人においては、その適格現物分配により資産の移転を受けたことにより生ずる収益の額は、益金不算入とされています（法法62の５④）。

＜適格現物分配の処理（利益剰余金の配当により現物分配を行った場合）＞

○　現物分配法人の処理

利益積立金額	△△	資産	△△

○　被現物分配法人の処理

資産	△△	受取配当金（注）	△△

（注）　受取配当等の益金不算入の適用はありませんが、適格現物分配の
　　　規定により益金不算入となります。

㈡　本件の場合

　内国法人である100％親子の株式会社間における子会社から親会
社に対する現物分配であれば、特段の問題なく上記の条件を満たし
ます。本件の場合も同様であり、適格現物分配に該当します。なお、
本件の場合において移転させる資産は、被現物分配法人であるＨ社
にとって自己株式になりますが、現物分配及び適格現物分配に該当
することに支障はありません（国税庁「『平成22年度税制改正に係
る法人税質疑応答事例（グループ法人税制関係）（情報）』問15　親
会社株式の現物分配」）。

　現物分配法人Ａ社ないしＥ社は、それぞれ有していたＨ社株式を
帳簿価額[74]による譲渡をしたものとして譲渡損益は計上しません。

　一方、被現物分配法人Ｈ社は、移転を受けた資産を現物分配法人
における帳簿価額相当額により取得しますが（法法62の5⑥、法令
123の6①）、本件の場合、その移転を受けた資産は、自己株式とな

74　Ｈ社株式の帳簿価額（取得価額）は、それぞれ有していた他の株式
　　移転完全子法人株式の帳簿価額相当額となります（法令119①十一）。

りますので、その帳簿価額相当額の資本金等の額を減少させます（法令8①二十一ロ）。また、その帳簿価額相当額の収益を計上することになりますが、その収益は全額が益金不算入となります（法法62の5④）。本件の場合も移転を受けるH社株式（自己株式）の帳簿価額相当額の収益が計上されますが全額益金不算入となります。

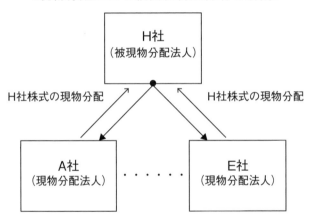

＜現物分配による親会社株式保有の解消＞

○　現物分配法人（A社ないしE社）の処理（利益剰余金の配当により行われる場合）

利益積立金額	△△	H社株式	△△

○　被現物分配法人（H社）の処理

資本金等の額	△△	受取配当金（注）	△△

（注）　受取配当等の益金不算入の適用はありませんが、適格現物分配の規定により益金不算入となります。

八　財源規制の関係等

　現物分配を剰余金の配当等により行う場合、剰余金の配当等は、会社法の分配可能額の規制（財源規制）を受けます（会社法446、461）。したがって、基本的には、現物分配法人である各子会社にその分配する親会社株式の帳簿価額相当額の分配可能額があることが必要となります。仮に親会社株式の現物分配を行うだけの分配可能額がない場合において、有償で親会社株式を親会社に譲渡した場合[75]、親会社と子会社との間に完全支配関係があるときには、グループ法人税制の適用があります（上記第1章Ⅳ4を参照してください。）。

　本件の場合、A社ないしE社においては、自己株式の取得の場合のみなし配当を計上し、また、譲渡原価（譲渡するH社株式の帳簿価額）相当額の譲渡対価を計上し、貸借差額を資本金等の額として計上することにより譲渡損益は計上されません。みなし配当については、受取配当等の益金不算入の規定の適用があります（法法23、24、61の2⑰、法令8①二十二）。

　H社では、自己株式の取得として、取得資本金額（資本金等の額のうち取得された株式に対応する部分の金額をいいます。）に相当する資本金等の額を減少させ、対価として交付した金銭の額が取得資本金額を超える場合の超える部分の金額が利益積立金額の減少額（みなし配当の原資となります。）となります（法令8①二十、9①

75　有償での譲渡となる場合、親会社であるH社において、自己株式の有償取得に該当しますので、H社において財源規制の対象となります（会社法461①二）。

十四）。

○　A社ないしE社の処理（みなし配当に対する源泉徴収は省略しています。）

現金	○○	譲渡対価（注1）	△△
		みなし配当（注2）	××
		資本金等の額（注3）	□□
譲渡原価	△△	H社株式	△△

（注）1　譲渡対価の金額は、譲渡原価の金額と同額となります。
　　　2　受取配当等の益金不算入の規定の適用があります。
　　　3　貸借差額＝本来生ずるであろう譲渡益相当額（本来譲渡損が生ずる場合には、借方計上されます。）

○　H社の処理（みなし配当に対する源泉徴収は省略しています。）

資本金等の額	▼▼	現金	○○
利益積立金額	××		

(5)　持株会社を設立する場合の税務への影響

　本件の場合、A社ないしE社には、株式移転前から甲・乙という同一の者による完全支配がある法人相互の関係がありました。ただし、甲・乙という個人による完全支配関係のみで法人による完全支配関係はありませんでした。そのため、グループ法人税制のうち、100％グループ間の寄附金の損金不算入（損金算入限度額なし）の規定（法法37②）・受贈益の益金不算入の規定（法法25の2①）の適用はありませんでした（上記第1章Ⅳ3を参照してください。）。株式移転後は、甲・乙という個人による完全支配関係は引き続きあ

りますが、それに加えて、Ｈ社という法人による完全支配関係も成立することになります。そのため、100％グループ間の寄附金の損金不算入（損金算入限度額なし）の規定（法法37②）・受贈益の益金不算入の規定（法法25の2①）が適用されることになります。

　Ａ社ないしＥ社の相互で資産の譲渡・貸付け・役務の提供の取引がある場合、その取引価格の妥当性について議論となり、譲渡・貸付け・提供を行う法人において、低額譲渡等として寄附金課税のリスクが生じることがあります。例えば、Ａ社からＢ社に対して原材料等の棚卸資産が譲渡されていた場合にこれに対して低額譲渡の認定が行われたとすると、同じグループ内で譲渡法人側での寄附金課税、譲受法人側での受贈益課税という二つの課税リスクに晒されることになります。株式移転後は、譲渡法人側の寄附金課税のリスクは変わりませんが、譲受法人側の受贈益は、全額益金不算入となり、受贈益課税のリスクからは解放されることになります。なお、譲渡法人側では、寄附金の損金算入限度額はゼロとなりますが、そもそも寄附金の損金算入限度額はそれほど高い金額にはならないことが通例であることからすると、それほどの不利益になるとは一般的には想定し難いと思われます。

　また、資産の貸付け・役務の提供の場合にその対価の額が低額であるとして寄附金課税が行われる場合、受贈側では、費用と受贈益が両建てとなりますが、グループ法人税制の適用により受贈益が益金不算入となると、費用の額のみが損金算入されることになります（法基通4－2－6、国税庁「平成22年6月30日付課法2－1ほか1課共同『法人税基本通達等の一部改正について』（法令解釈通達）

の趣旨説明」における同通達の解説)。

＜金銭の無利息貸付けについて寄附金課税が行われる場合の借手の処理＞

○　グループ法人税制の適用がない場合

支払利息（注） （損金算入）	××	受贈益 （益金算入）	××

（注）　本来支払うべきであった利息相当額

　本来支払うべき支払利息と受贈益が同額で相殺されるため、結果的に所得金額に影響しません。

○　グループ法人税制の適用がある場合

支払利息（注） （損金算入）	××	受贈益 （益金不算入）	××

（注）　本来支払うべきであった利息相当額

　本来支払うべき支払利息が損金算入され、受贈益は全額益金不算入となるため、支払利息の金額だけ所得金額が減少します。

6 株式併合による株式の集約（スクイーズアウト）

(1) 状況

　Ｘ社は、非上場の株式会社であり、その株主構成は、代表取締役である甲が発行済株式総数の70％を保有し、それ以外の30％は、経営等には携わっていない少数株主（全て個人株主であり、甲とは親族の関係その他の特殊関係はありません。）が保有しています。相続等による株式の細分化により少数株主の数は次第に増加する傾向にあり、株主総会等の招集通知等の事務負担も増加し、また、甲と各株主との関係も疎遠になっています。

　このような状況において、甲は、少数株主が保有する株式は全て自分に集約したいと考えています。甲自身には少数株主の全株式を買い取る資金的余裕に乏しい状況ですが、Ｘ社にはその資金的な余裕があります。そこで、Ｘ社の資金を使って甲に株式を集約（できれば100％）させたいと考えています。少数株主のうちでも株式保有数が多い何人かの株主に打診したところ、Ｘ社株式を手放すことに難色を示す株主もいる一方、妥当な金額ならばＸ社株式を手放してもよいが、その際に配当所得として課税されることは避けて欲しいというような意見がありました。

　このような場合、どのような手法を用いればよいでしょうか。

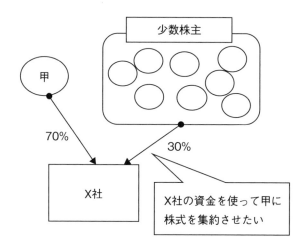

(2)　結論

　X社が株式併合を行い、甲以外の株主（少数株主）が保有する株式は全て1株未満の端数の状態とし、その1株未満の端数をX社が買い取ります（株式併合によるスクイーズアウト）。この場合には、自己株式の取得であってもみなし配当課税は行われません。

(3)　検討

イ　自己株式の取得の検討

　X社の資金を使って少数株主の保有株式を取得する方法としては、X社による自己株式の買取り（有償取得）が考えられます（会社法156）。X社が少数株主からX社株式を取得して自己株式とすることにより、間接的に甲の保有割合（自己株式を除いた発行済株式総数に占める割合）が増加します。

　ただし、通常の自己株式の買取りは、その譲渡する株主との合意

により行われるものであり、合意しない株主から買い取ることはできません。また、通常の自己株式の買取りは、みなし配当事由に該当し（所法25①五）、買取り金額のうちその株式に対応する資本金等の額を超える金額が配当所得として課税されます（所法24、25）。

ロ　株式併合によるスクイーズアウト手法の検討

　上記事項を踏まえた場合、株式併合を用いたスクイーズアウト手法を用いることが考えられます。株式併合とは、例えば100株を1株にするというように複数の株式をそれより小さい数の株式にすることをいい、株式併合は、株主総会の特別決議により行われます（会社法180②、309②四）。また、スクイーズアウトとは、少数株主が保有する株式を合意を得ることなく取得することにより少数株主を排除して（取得の対価として現金が交付されます。）、最大株主がその会社を独占的に支配できる状態にすることをいいます。

　すなわち、株式併合によるスクイーズアウトとは、最大株主以外の株主が保有する株式を全て1株未満の端数の状態となる比率の株式併合を行うことにより、最大株主以外の株主を全て排除する方法をいいます。

　本件の場合、甲の保有株式は1株以上、少数株主の保有株式は1株未満となる併合比率とすることにより、株式併合後は、甲のみが1株以上の株式を保有し、少数株主の保有株式は、全て1株未満の端数の状態になります。1株未満の端数の株式は、端数の合計数の株式を競売等により売却してその代金を少数株主に交付します（会社法235①）。なお、競売等による売却のほかに発行会社自らが買い

取ることも認められています（会社法235②）。本件の場合もＸ社が
端数の合計数の自己株式を買い取ることにします。

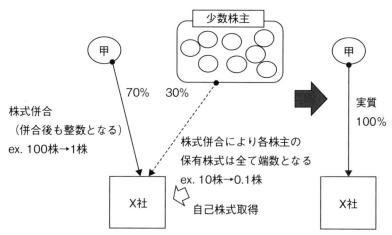

甲が保有するＸ社株式は、株式併合後も1株以上の整数となる。
少数株主が保有するＸ社株式は、1株未満の端数となる。
1株未満の端数の合計数を自己株式として買取る。

八　みなし配当事由に該当しない自己株式の取得

　この1株未満の端数の合計数の買取りは、自己株式の取得となり
ますが、みなし配当事由から除外されています（所法25①五、所令
61①九）[76]。本件の場合、1株未満の端数の合計数をＸ社が買い取っ
たとしてもみなし配当には該当しません。この場合、買取り金額の
全額が一般株式に係る譲渡所得等の収入金額となり、その譲渡所得

76　株式併合に反対する株主は、発行会社に反対株主の株式買取請求を
　　することが可能ですが（会社法182の4①）、その場合の買取りもみな
　　し配当事由から除外されています（所令61①九）。

等は、20.315％の税率（所得税15.315％[77]、住民税 5 ％）により申告分離課税が行われることとなります（措法37の10①、地法附則35の 2 ①⑤）。

(4)　最大株主が法人の場合

　本件の場合は、個人株主が最大株主となる場合でしたが、法人株主が最大株主として対象法人との間にその法人株主による完全支配関係を成立させるものである場合には、株式交換等に該当し、組織再編税制の対象となります（法法 2 十二の十六ロ）。ここでは、参考として、仮に甲が法人であったとして法人株主によるスクイーズアウトの場合について解説します。

イ　株式交換等となる株式併合

　組織再編税制の対象となる株式併合（株式交換等となる株式併合）とは、その株式併合をした法人（「対象法人」といいます。）の最大株主（その対象法人以外のその対象法人の株主のうちその有するその対象法人の株式の数が最も多い者をいいます。）以外の全ての株主（その対象法人及びその最大株主との間に完全支配関係がある者を除きます。）の有することとなるその対象法人の株式の数が一に満たない端数となるもので、対象法人が最大株主である法人との間に最大株主である法人による完全支配関係を有することとなることをいいます（法法 2 十二の十六ロ）。

　本件の場合、甲が仮に法人だったとすると、甲は最大株主に該当

77　復興特別所得税を含みます（復興財源確保法12、13）。

し、甲以外の全ての株主（少数株主）の有する対象法人であるⅩ社株式は、１株未満の端数となり、甲と対象法人であるⅩ社との間には、甲による完全支配関係を有することとなりますので、本件の株式併合は、株式交換等に該当することになります。

□　株式交換等の適格要件

　株式交換等となる株式併合は、その最大株主となる法人（「株式交換等完全親法人」といいます。）とその対象法人（「株式交換等完全子法人」といいます。）との間に支配関係がある場合の適格要件のみが規定されています（法法２十二の十七ロ(1)(2)、法令４の３⑲）。

　その適格要件の内容は、株式交換の場合と同じものとなっています（上記第１章Ⅰ４(2)ロを参照してください。）。

<株式交換等となる株式併合の適格要件>

① 金銭等不交付要件
② 支配関係継続要件
③ 従業者継続従事要件
④ 事業継続要件

　なお、金銭等不交付要件については、株式併合により生ずる株式交換等完全子法人の一に満たない端数の株式の取得の対価として交付される金銭その他の資産及び株式併合に反対する株主に対するその買取請求に基づく対価として交付される金銭その他の資産を除いて判定することとされています（法法２十二の十七）。株式交換等

完全子法人の少数株主には、1株未満の端数の取得対価としての金銭が交付される場合には、金銭等不交付要件を満たすことになります。

　本件の場合、株式交換等完全子法人X社の少数株主に対して1株未満の端数の取得の対価としての金銭のみが交付され、株式交換等完全親法人甲とX社との間の支配関係が株式併合後も継続することが見込まれ、X社の株式併合直前の従業者のおおむね80％以上が株式併合後も引き続きX社の業務に従事することが見込まれ、X社の主要な事業が株式併合後もX社において引き続き行われることが見込まれている場合には、この株式併合は、適格株式交換等に該当します。

　適格株式交換等に該当する場合には、株式交換等完全子法人X社において時価評価資産の時価評価課税は行われません（法法62の9①）。

Ⅱ　M&Aに関する事例検討

1　買収者に子会社（株式）を売却する場合の分割の活用

(1)　状況

　株式会社P社は、株式会社S社の発行済株式の全部を保有しており、P社とS社の間にはP社による完全支配関係があります。S社では、K事業とT事業という2つの事業を行っています。P社では、S社（株式）の売却を考えており、その買手を探していましたが、この度、買手としてA社が現れました。A社は、S社の事業のうち、T事業に興味がありますが、K事業には興味がなく、K事業を分離した状態ならばS社株式を購入することを打診してきました。

　P社としては、A社の要望を受け入れて、K事業をS社から分離させた（K事業はP社で引き受ける方針）上でS社株式をA社に売却することを考えていますが、S社からK事業を分離する際に、K事業に属する資産の譲渡益に対する課税は生じさせないようにしたいと考えています。

　このような場合、どのような手法が考えられるでしょうか。

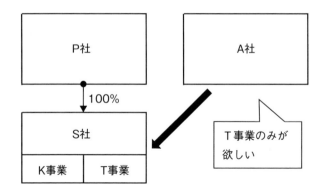

(2)　結論

　K事業（に属する資産負債）を分割型分割によりP社に移転させた上で、P社がS社株式をA社に譲渡することが適していると考えられます。

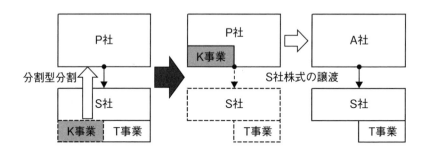

　この分割が適格分割に該当する場合には、移転する事業に属する資産・負債は、帳簿価額により引継ぎが行われたものとされるため（法法62の2②）、譲渡損益を計上することはありません。

(3)　分割の課税関係

イ　適格要件の検討

　分割が適格分割となる場合とは、①完全支配関係がある場合、②支配関係がある場合、③共同事業を行う場合、④独立して事業を行う場合（分割型分割の場合のみ）の4つの類型に分かれます。

　本件においては、①の完全支配関係がある場合の要件に該当するか否かをまず検討することになります。この場合の適格要件は、①金銭等不交付要件と②完全支配関係継続要件の2つになります（法法2十二の十一イ、法令4の3⑥他）。

ロ　金銭等不交付要件

　金銭等不交付要件とは、分割対価資産として分割承継法人又は分割承継親法人[78]のうちいずれか一の法人の株式以外の資産が交付されないこと（株式が交付される分割型分割にあっては、その株式が分割法人の発行済株式（自己株式を除きます。）の総数のうちに占める分割法人の各株主の有する分割法人の株式の数の割合に応じて交付されるものに限ります。すなわち、按分型の分割型分割であることを要件とします。）をいいます（法法2十二の十一、法令4の3⑤）。

　本件の場合、対価としてP社株式のみを交付する場合又は無対価

78　基本的に分割の直前に分割承継法人と分割承継法人以外の法人との間にその法人による完全支配関係（「直前完全支配関係」といいます。）があり、かつ、分割後に分割承継法人とその法人との間にその法人による完全支配関係が継続することが見込まれている場合におけるその直前完全支配関係がある法人をいいます。

の場合のいずれも金銭等不交付要件を満たすことになります。

　なお、本件の場合、分割承継法人であるP社は、P社株式を分割法人であるS社に交付し、S社は直ちにそのP社株式を株主であるP社に交付することで分割型分割になります。また、分割承継法人であるP社が分割法人であるS社の発行済株式の全部を保有する関係にありますので、無対価分割を行った場合も分割型分割になります（法法２十二の九ロ。下記図参照。）。

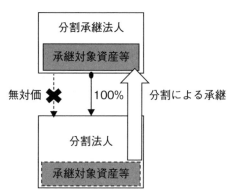

＜分割型分割となる無対価分割＞

八　完全支配関係継続要件

㈠　基本的な取扱い

　完全支配関係継続要件には、①当事者間の完全支配関係の場合と②同一の者による完全支配関係（法人相互の完全支配関係）の場合の２つに分かれます。ここでは、①当事者間の完全支配関係の場合を対象とします。

　基本的には、分割前に分割法人と分割承継法人との間にいずれか一方の法人による完全支配関係があり、かつ、分割後に分割法人と分割承継法人との間にいずれか一方の法人による完全支配関係が継続することが見込まれていることをいいます（法令4の3⑥一）[79]。

＜当事者間の完全支配関係の場合の完全支配継続要件＞

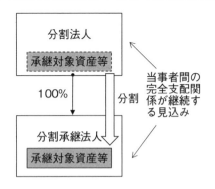

(ロ)　**分割型分割の場合の例外**

　分割型分割[80]の場合には、上記の基本的な取扱いに対する例外が規定されており、例えば、分割型分割前に分割法人と分割承継法人との間に分割承継法人による完全支配関係がある場合（無対価分割の場合には、分割承継法人が分割法人の発行済株式（自己株式を除きます。）の全部を保有する関係がある場合に限ります。）において、分割型分割が行われたときには、分割後に分割法人と分割承継法人

79　分割後に適格合併等が行われることが見込まれている場合には例外があります。

80　分割対価を分割法人の株主と分割法人に交付する中間型の分割を除きます。

との間に完全支配関係が継続することが見込まれていることは不要になっています（法令4の3⑥一イ）。

＜吸収分割である分割型分割の場合＞

(ハ)　本件の場合

　本件の場合、分割法人S社の発行済株式の全部が分割承継法人P社によって保有される関係がありますので、P社株式を交付する場合又は無対価分割の場合のいずれであっても、分割後にP社とS社との間の完全支配関係が継続せずとも、完全支配関係継続要件を満たすことになります。

　したがって、この分割は適格分割に該当し、K事業の分離の際に譲渡損益に対する課税は生じません。

(4)　補足

　今回は、P社が分割承継法人としてK事業を承継することとしましたが、仮にS社がK事業を単独新設分割の分割型分割により新設

法人（N社）として切り出してN社をP社の完全子会社とする場合にどうなるかについて検討します。

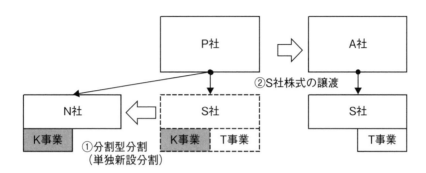

① 分割型分割
（単独新設分割）

② S社株式の譲渡

イ　金銭等不交付要件

　金銭等不交付要件の内容については、上記(3)ロを参照してください。

　本件においては、新設分割において分割承継法人株式（N社株式）のみが分割対価資産としていったんS社に交付され、それが直ちにS社の100％株主であるP社に交付されます。分割対価資産として分割承継法人株式以外の資産は交付されず、分割承継法人株式は、分割法人S社の株主であるP社に100％交付されることで按分型の分割型分割となります。

　したがって、本件の場合、金銭等不交付要件は満たされます。

□　完全支配関係継続要件

(イ)　基本的な取扱い

　完全支配関係継続要件には、①当事者間の完全支配関係の場合と②同一の者による完全支配関係（法人相互の完全支配関係）の場合の2つに分かれます。ここでは、②同一の者による完全支配関係（法人相互の完全支配関係）の場合を対象とします。

　基本的には、分割前に分割法人と分割承継法人との間に同一の者による完全支配関係があり、かつ、分割後に分割法人と分割承継法人との間に同一の者による完全支配関係が継続することが見込まれていることをいいます（法令4の3⑥二）[81]。

　新設分割の場合には、分割前に分割承継法人は存在しないため、分割後に分割法人と分割承継法人との間に同一の者による完全支配関係が継続することが見込まれていることをいいます（法令4の3⑥二ハ(2)）。

81　分割後に適格合併等が行われることが見込まれている場合には一定の特例があります。

＜同一の者による完全支配関係の場合の完全支配継続要件（新設分割）＞

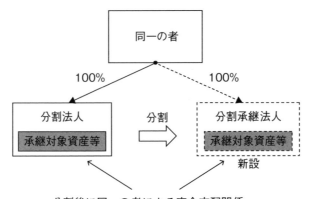

(ロ)　分割型分割の場合の例外

　分割型分割[82]の場合には、上記の基本的な取扱いに対する例外が規定されており、例えば、単独新設分割である分割型分割が行われたときには、分割型分割後に同一の者と分割承継法人との間に同一の者による完全支配関係が継続することが見込まれていることが完全支配関係継続要件とされ、同一の者と分割法人との間に同一の者による完全支配関係が継続することが見込まれていることは不要になっています（法令４の３⑥二ハ(1)）。

82　分割対価を分割法人の株主と分割法人に交付する中間型の分割を除きます。

＜分割型分割（単独新設分割）の場合の例外＞

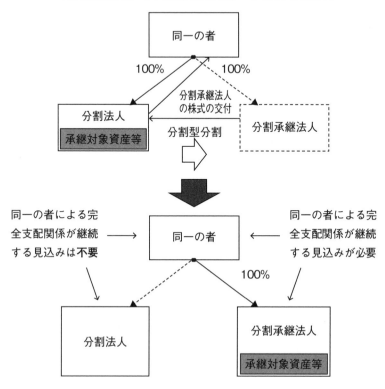

(ハ)　本件の場合

　本件の場合、単独新設分割である分割型分割後に分割法人S社と分割承継法人N社との間に同一の者（P社）による完全支配関係が生ずることになりますが、完全支配関係の継続が見込まれることが求められるのは、P社とN社との間の完全支配関係となります。本件の場合、P社は、S社株式の全部をA社に譲渡してS社株式を保有しなくなりますが、N社株式の100％を保有し続ける見込みであ

ることを前提とすると、同一の者（P社）とN社との間の完全支配
関係の継続が見込まれるため、完全支配関係継続要件を満たすこと
になります。

　したがって、この分割は適格分割に該当し、K事業の分離の際に
譲渡損益に対する課税は生じません。

2　買収対象会社の追徴課税リスク（第二次納税義務）と分割の方法

(1)　状況

　A社は、S社（A社とは資本関係はありません。）が営むT事業を買収することを計画しています。買収の手法としては、S社が単独新設分割である分社型分割によりT事業を切り出して、分割承継法人N社を設立し、そのN社株式をS社から購入することを想定しています。なお、T事業は、S社が営む唯一の事業であり、この売却後は、その売却代金を基に新規の事業を開始する予定とのことです。

　A社は、T事業の買収にあたってデューデリジェンスを実施したところ、S社の過去の法人税等の申告内容に否認リスクがあることが判明しました。今後、税務調査が行われた場合には、申告内容が否認されて追徴課税が行われる可能性が相応にあると予想されます。

　あくまでS社が行った過去の税務申告であり、追徴課税が行われたとしてもS社が納税すべきことになると思われますが、A社が買収するN社にも何らかの課税リスクはあるでしょうか。仮にある場合には、そのようなリスクを遮断する手法はあるでしょうか。

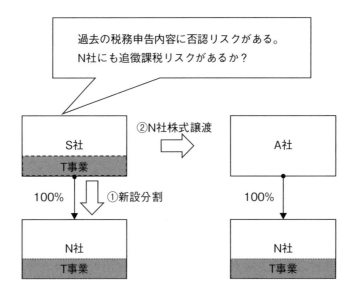

(2)　結論

　仮に税務調査等により過去の申告内容が否認され、Ｓ社に追徴課税が行われた場合において、Ｓ社に滞納処分が執行されてもなお徴収できない租税があるときには、Ｎ社は、新設分割により譲り受けた積極財産（資産）の価額の限度において、第二次納税義務（事業を譲り受けた特殊関係者の第二次納税義務）を負うリスクがあります。

　このリスクを遮断する手法としては、Ｓ社が新設分割によりＮ社を設立するのではなく、例えば、Ａ社が金銭出資によりＮ社を設立し、Ｓ社は、そのＮ社に対して金銭対価の吸収分割を行うというような方法が考えられます。そうすると、この場合のＮ社には、第二次納税義務（事業を譲り受けた特殊関係者の第二次納税義務）を負

うことにはならないものと思われます。

(3)　事業を譲り受けた特殊関係者の第二次納税義務

　納税者が生計を一にする親族その他納税者と特殊な関係のある個人又は被支配会社（その納税者を判定の基礎となる株主又は社員として選定した場合に法人税法第67条第2項に規定する会社に該当する会社をいい、これに類する法人を含みます。）で一定のものに事業を譲渡し、かつ、その譲受人が同一又は類似の事業を営んでいる場合において、その納税者がその事業に係る国税を滞納し、その国税につき滞納処分を執行してもなおその徴収すべき額に不足すると認められるときは、その譲受人は、譲受財産の価額の限度において、その滞納に係る国税の第二次納税義務を負うこととなります（国徴法38）[83]。これを「事業を譲り受けた特殊関係者の第二次納税義務」といいます。地方税においても同様の規定があります（地法11の7）。

　この場合の事業譲渡には、法人の分割によって事業の譲渡が行われた場合も該当し（国徴法基通第38条関係9(4)）、譲受財産の価額とは、事業譲渡を受けた時における事業に属する積極財産の価額をいいます（国徴法基通第38条関係17）。例えば、事業の譲渡において、移転を受ける資産と同額の負債の移転を受ける場合、その移転を受ける事業の純資産の価額は、0円となりますが、負うべき第二次納税義務の金額は、あくまで移転を受ける資産の価額となりま

---

[83]　ただし、その譲渡が滞納に係る国税の法定納期限より1年以上前にされている場合は、除かれます。

す[84]。

　また、滞納している納税者の特殊関係者か否かは、納税者が事業を譲渡した時の現況によることとされており（国徴令13②）、新設分割により分割承継法人が設立されて国税を滞納している分割法人の事業が移転された場合に、その分割承継法人株式の全部が第三者に譲渡されて、分割法人と分割承継法人との間に特殊関係がなくなったときには、実質的に特殊関係者に事業の譲渡はされていないのではないかという見方もあると思われます。

　このような場合の第二次納税義務の存否が争われた事例として国税不服審判所平成20年10月１日裁決があります。これは、国税を滞納している法人（滞納法人）が新設分割により新設法人（請求人）を設立して請求人に滞納法人の事業を承継させたうえで、請求人の全株式を第三者に譲渡したところ、請求人が新設分割によって滞納法人の事業を承継したことは、国税徴収法第38条に規定する事業を譲渡した者の特殊関係者への事業の譲渡に該当するとして、原処分庁が第二次納税義務の納付告知処分を行ったことに対し、請求人が、新設分割により設立された請求人の株式を滞納法人が所有している間は事業の譲渡があったとはいえず、その株式が第三者に譲渡された時に初めて事業の譲渡があったというべきであり、その株式が第三者に譲渡された時点では請求人は特殊関係者でなく、特殊関係者への事業の譲渡には該当しないとして、その処分の全部の取消しを求めた事例です。この裁決において、国税不服審判所は、特殊関係者の判定は事業の譲渡の時の現況によるところ、本件事業譲渡の時、

---

[84]　東京地裁平成22年８月27日判決、東京高裁平成23年２月22日判決

すなわち請求人の設立登記の時においては、滞納法人は請求人の発行済株式の全てを所有しているのであるから、請求人は滞納法人の特殊関係者であるとして、国税徴収法第38条の事業を譲り受けた特殊関係者の第二次納税義務を認めました。

　法令の規定及びこの裁決で示された判断を基にすると、本件における事業の譲渡とは、Ｓ社が新設分割によりＴ事業をＮ社に譲渡したことを指し、その時点においては、Ｎ社は、Ｓ社（納税者）の100％子会社（被支配会社）であり、Ｓ社の特殊関係者に該当します（国徴令13①五）。その後にＮ社の発行済株式の全部がＡ社に譲渡されて、Ｓ社の特殊関係者には該当しないことになりますが、それにより第二次納税義務が課されないとする規定はありませんので、Ａ社に譲渡された後も第二次納税義務を負うことになると思われます。

　したがって、新設分割により分割承継法人が設立されて国税を滞納している分割法人の事業が移転された場合に、その分割承継法人株式の全部が第三者に譲渡されて、分割法人と分割承継法人との間に特殊関係がなくなったとしても、分割の時点（事業の譲渡の時点）においては、特殊関係があり、第二次納税義務のリスクは否定できないと思われます。

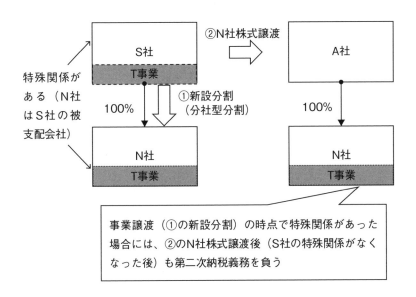

事業譲渡（①の新設分割）の時点で特殊関係があった場合には、②のN社株式譲渡後（S社の特殊関係がなくなった後）も第二次納税義務を負う

　なお、事業の譲渡（分割）が行われる時点においては、S社において滞納国税は存在しませんが、この第二次納税義務は、その譲渡が滞納に係る国税の法定納期限より１年以上前にされている場合を除き、納税者がその事業に係る国税を滞納し、滞納処分を執行してもなお徴収不足額がある場合には、課される可能性があります。法定納期限とは、修正申告又は更正若しくは決定による納税額については、その国税の期限内申告の納期限となり（国徴法２十イ、国通法35②）、S社の過去の事業年度の法人税等について今後修正申告ないし更正処分が行われて、結果的に滞納国税が生じた場合には、分割がその過去の事業年度の法人税等の法定納期限（法人税であれば原則として事業年度終了の日から２月を経過する日がその期限となります。）の１年以上前に行われていないことは明らかであり、

N社は第二次納税義務が課される可能性があります。

⑷　分割の方法の変更

　この事業を譲り受けた特殊関係者の第二次納税義務を負うか否かの分岐点は、事業譲渡（本件の場合には分割）の時点でS社と事業を譲り受けるN社との間に特殊関係がある（N社がS社の被支配会社となる）かということになります。分割の時点でS社とN社との間に特殊関係がない（N社はS社の被支配会社にならない）場合には、この事業を譲り受けた特殊関係者の第二次納税義務を負わないことになります。

　そうすると、分割の時点でS社とN社との間に特殊関係が生じないようにするためには、S社が新設分割によりN社を設立するのではなく、買収者であるA社がN社を金銭出資により設立することが考えられます。当初案では、A社がS社からN社株式を購入することになっていましたが、変更案の場合には、A社がその購入代金相当額を金銭出資してN社を設立し、S社は、N社を分割承継法人とする吸収分割を行い、分割対価としてその購入代金相当額の金銭の交付を受けることにします。この変更案によった場合は、途中の過程では差異はあるものの、結果の状態は当初案と変わらないことになりますが、S社とN社は、その分割の時において、特殊関係はないので、N社は、S社の第二次納税義務を負うリスクは遮断できることになります。

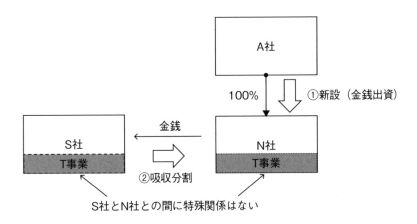

S社とN社との間に特殊関係はない

(5)　課税関係

　ここでは、まず当初案の分割について検討します。

イ　適格要件の検討

　分割が適格分割となる場合とは、①完全支配関係がある場合、②支配関係がある場合、③共同事業を行う場合、④事業を独立して行う場合（分割型分割の場合のみ）の４つの類型に分かれます。

　本件においては、①の完全支配関係がある場合の要件に該当するか否かをまず検討することになります。この場合の適格要件は、①金銭等不交付要件と②完全支配関係継続要件の２つになります（法法２十二の十一イ、法令４の３⑥他）。

ロ　金銭等不交付要件

　金銭等不交付要件とは、分割対価資産として分割承継法人又は分

割承継親法人[85]のうちいずれか一の法人の株式以外の資産が交付されないこと（株式が交付される分割型分割にあっては、その株式が分割法人の発行済株式（自己株式を除きます。）の総数のうちに占める分割法人の各株主の有する分割法人の株式の数の割合に応じて交付されるものに限ります。すなわち、按分型の分割型分割であることを要件とします。）をいいます（法法2十二の十一、法令4の3⑤）。

　本件の場合、S社が新設分割を行い、その分割対価資産として新設されるN社の株式の交付を受けることから金銭等不交付要件を満たすことになります。

八　完全支配関係継続要件

　完全支配関係継続要件には、①当事者間の完全支配関係の場合と②同一の者による完全支配関係（法人相互の完全支配関係）の場合の2つに分かれます。ここでは、①当事者間の完全支配関係の場合を対象とします。

　単独新設分割である分社型分割の場合には、分割後に分割法人と分割承継法人との間に分割法人による完全支配関係が継続することが見込まれていることをいいます（法令4の3⑥一ハ）[86]。

85　基本的に分割の直前に分割承継法人と分割承継法人以外の法人との間にその法人による完全支配関係（「直前完全支配関係」といいます。）があり、かつ、分割後に分割承継法人とその法人との間にその法人による完全支配関係が継続することが見込まれている場合におけるその直前完全支配関係がある法人をいいます。
86　分割後に適格合併等が行われることが見込まれている場合には例外があります。

＜当事者間の完全支配関係の場合の完全支配継続要件＞

　本件の場合、分割の直後には、Ｓ社とＮ社との間に完全支配関係が成立しますが、Ｓ社は、Ｎ社株式の全部をＡ社に譲渡する予定であり、完全支配関係が継続することは見込まれないことになります。

　そうすると、完全支配関係継続要件を満たさないことになり、完全支配関係の場合の適格要件は満たさないことになります。

二　支配関係の場合の適格要件

　次に支配関係の場合の適格要件を検討します。この場合の適格要件は、①金銭等不交付要件、②支配関係継続要件、③主要資産負債引継要件、④従業者引継要件、⑤事業継続要件となります（法法2十二の十一ロ(1)(2)、法令4の3⑦）。

　①金銭等不交付要件は、既にロで検証しましたのでこれは満たすことになります。

　②支配関係継続要件は、ハで説明したところの完全支配関係が支配関係に置き換わったものとなります。単独新設分割である分社型

235

分割の場合には、分割後に分割法人と分割承継法人との間に分割法人による支配関係が継続することが見込まれていることをいいます（法令4の3⑦一ハ）[87]。本件の場合、分割の直後には、S社とN社との間に支配関係が成立しますが、S社は、N社株式の全部をA社に譲渡する予定であり、支配関係が継続することは見込まれないことになります。

　そうすると、支配関係継続要件を満たさないことになり、それ以外の要件を検討するまでもなく支配関係の場合の適格要件は満たさないことになります。

ホ　その他の適格要件

　上記以外に共同事業を行う場合の適格要件、独立して事業を行う場合の適格要件がありますが、単独新設分割の場合には、分割法人と分割承継法人が共同事業を行う場合には該当せず、この場合の適格要件は検討を要しません。また、独立して事業を行う場合は、いわゆるスピンオフとして分割承継法人は誰にも支配されない状況が必要となりますが、本件はそのような状況にはなく、この場合の適格要件は検討を要しません。

ヘ　まとめ

　以上のことから、当初案の分割は、非適格分割となります。

　また、変更案の場合には、分割対価資産として金銭が交付される

87　分割後に適格合併等が行われることが見込まれている場合には例外
　があります。

ことから、金銭等不交付要件を満たさず、この場合も非適格分割と
なります。そうすると、当初案、変更案のいずれであってもＳ社で
は時価譲渡、Ｎ社では時価取得となり、課税関係は異なることはな
いと思われます[88]。

88　厳密にいえば、当初案の場合には、Ｓ社とＮ社との間には、分割時
　に完全支配関係がありますので、非適格分割であっても、いわゆるグ
　ループ法人税制による譲渡損益調整資産の譲渡損益の繰延べ（法法61
　の13）の適用があります。ただし、Ｓ社とＮ社との完全支配関係は、
　Ｎ社株式の譲渡により解消され、それにより譲渡損益の戻入れが行わ
　れます。分割と株式の譲渡が同日に行われるとすると、結果として影
　響はないと思われます。

3　買収対象会社の繰越欠損金の切捨ての可能性

⑴　状況

　A社は、金属部品販売業を営むT社の発行済株式総数の40％を保有し、それ以外には特殊関係者を介した間接の保有関係はなく、A社とT社との間に債権債務はありません。A社としては、今後、T社の発行済株式総数の残り60％を他の株主から取得してA社の100％子会社にした上で、金属部品販売業を廃止して、医療器具販売業への業種転換させることを計画しています。T社では、金属部品販売業の業績が数年来不調であったこともあり、過去数年の事業年度において繰越欠損金が生じています。

　T社を100％子会社化して、業種転換した場合、T社の繰越欠損金は、業種転換後であってもそのまま使用できるでしょうか。

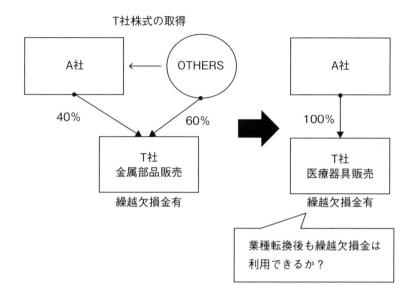

(2)　**結論**

　100％子会社にした場合（厳密には50％超の子会社にした場合）において、その時点から５年以内に、Ｔ社がこれまで営む事業の全てを廃止し、かつ、その事業規模の５倍を超える資金の借入れ・増資を行う等の一定の発動事由が生じる場合には、発動事由が生じた日の属する事業年度前に生じたＴ社の未使用の繰越欠損金は、全て切り捨てられて発動事由が生じた日の属する事業年度以降使用不能となります。

(3)　欠損等法人の繰越欠損金の利用制限

イ　規定の概要

　Ａ社がＴ社の発行済株式（自己株式を除きます。）の総数の50％超を直接又は間接に保有する関係（「特定支配関係」といいます。）が生じた場合において、その特定支配関係が生じた日（「特定支配日」といいます。）以後 5 年間に下記ロに掲げるいずれかの発動事由が生じたときは、その発動事由が生じた日の属する事業年度前の各事業年度において生じた繰越欠損金は全て切り捨てられ、発動事由が生じた日の属する事業年度以降の所得計算において使用不能となります（法法57の 2 ①）。これは、繰越欠損金や含み損のある資産を有する法人（「欠損等法人」といいます。）を買収（50％超の子会社化）して、その欠損等法人に利益の生ずる事業を移転又は開始させることにより、その欠損等法人の繰越欠損金と事業利益を通算して課税所得を減少させるというような租税回避行為を防止するための規定です（上記第 1 章Ⅰ 9 を参照してください。）。

　なお、仮にＡ社の発行済株式の50％超を保有する株主がいたとして、Ｔ社の残り60％の株式をＡ社ではなく、その株主（個人の場合にはその親族を含みます。）又はその株主による支配関係がある法人が取得した場合、Ａ社とＴ社との間に特定支配関係は生じないものの、その株主とＴ社との間に特定支配関係が生ずることとなり、Ａ社とＴ社との間に特定支配関係が生じた場合と同様にこの規定が適用されます。

　また、この規定の適用を受ける場合には、特定支配日の属する事業年度開始の日に保有する特定資産（固定資産、土地、有価証券、

金銭債権、繰延資産で一定のものをいいます。）の譲渡・貸倒れ等により生じた損失額が損金不算入となる規定の適用も受けます（法法60の3①、法令118の3①）。

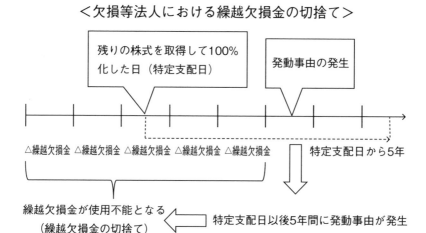

＜欠損等法人における繰越欠損金の切捨て＞

□　発動事由

次のいずれかの事由をいいます（法法57の2①、法令113の2⑪⑯⑰⑲⑳）。

①　欠損等法人が特定支配日の直前において事業を営んでいない場合（清算中の場合を含みます。）において、特定支配日以後に事業を開始すること（清算中の欠損等法人が継続することを含みます。）。

②　欠損等法人が特定支配日の直前において営む事業（「旧事業」といいます。）の全てを特定支配日以後に廃止し、又は廃止す

ることが見込まれている場合において、旧事業の特定支配日の直前における事業規模（売上金額、収入金額その他の事業の種類に応じた一定のものをいい、その金額は、原則として特定支配日の直前1年間か特定支配日の属する事業年度の直前の事業年度を事業規模算定期間として算定します。）のおおむね5倍を超える資金の借入れ又は出資による金銭その他の資産の受入れ（合併又は分割による資産の受入れを含みます。「資金借入れ等」といいます。）を行うこと。

③　当該他の者又は当該他の者との間に当該他の者による特定支配関係（欠損等法人との間の当該他の者による特定支配関係を除きます。）がある者（「関連者」といいます。）が当該他の者及び関連者以外の者から欠損等法人に対する特定債権（欠損等法人の総債務の50％超に相当する債権で債権金額の50％未満で取得したものをいいます。）を取得している場合（特定支配日前に特定債権を取得している場合を含み、特定債権につき特定支配日以後に一定の債務免除等を行うことが見込まれている場合その他の一定の場合を除きます。この場合を「特定債権が取得されている場合」といいます。）において、欠損等法人が旧事業の特定支配日の直前における事業規模のおおむね5倍を超える資金借入れ等を行うこと。

④　①若しくは②の場合又は③の特定債権が取得されている場合において、欠損等法人が自己を被合併法人とする適格合併を行い、又は欠損等法人（他の内国法人との間に当該他の内国法人による完全支配関係があるものに限ります。）の残余財産が確

定すること。

⑤　欠損等法人が特定支配関係を有することとなったことに基因
して、欠損等法人の特定支配日の直前の役員（社長、副社長、
代表取締役、代表執行役、専務取締役若しくは常務取締役又は
これらに準ずる者で法人の経営に従事している者に限ります。）
の全てが退任（業務を執行しないものとなることを含みます。）
をし、かつ、特定支配日の直前において欠損等法人の業務に従
事する使用人（「旧使用人」といいます。）の総数のおおむね20
％以上に相当する数の者が欠損等法人の使用人でなくなった場
合において、欠損等法人の非従事事業（旧使用人が特定支配日
以後その業務に実質的に従事しない事業をいいます。）の事業
規模が旧事業の特定支配日の直前における事業規模のおおむね
５倍を超えることとなること（欠損等法人の特定支配日以後１
年ごとの期間又は特定支配日の属する事業年度以後の事業年度
を事業規模算定期間とする非従事事業の事業規模がその事業規
模算定期間の直前の事業規模算定期間における非従事事業の事
業規模のおおむね５倍を超えない場合を除きます。）。

　なお、非従事事業の「実質的に従事しない」とは、使用人と
して名目上在籍するが従事実態がなかったり、使用人としての
従事期間が極めて短期間であったりする場合等がこれに該当す
るものと考えられます（参考：国税不服審判所平成24年４月20
日裁決）。

八　検討

　T社は休業又は清算の状態にはなく、また、A社がT社の総債務の50%超に対応する債権を債権金額の50%未満で取得する状況になく、さらにT社を吸収合併若しくは解散・清算することが予定されていないとすると、本件において検討すべき発動事由は上記ロ②又は⑤となります。

㈠　上記ロ②の発動事由に該当するか否か

　上記ロ②の旧事業（本件では金属部品販売業）の事業規模のおおむね5倍を超える資金借入れ等に該当するか否かの判定は、原則として特定支配日直前1年間（「支配日直前期間」といいます。）の売上高又は特定支配日の属する事業年度の直前の事業年度（「支配日直前事業年度等」といいます。）の売上高（1年未満の期間となる場合には年換算します。）と資金借入れ等の金額を比較することにより行います（法令113の2⑪）。

　この場合、支配日直前期間又は支配日直前事業年度等のいずれかの売上高と資金借入れ等の金額を比較しておおむね5倍を超えるときには、この発動事由に該当するものと考えられます（参考：国税不服審判所平成24年4月20日裁決）。

㈡　上記ロ⑤の発動事由に該当するか否か

　上記ロ⑤の旧事業の事業規模は、②と同じく支配日直前期間の売上高又は支配日直前事業年度等の売上高により算定し、非従事事業（本件では、特定支配日前からの使用人が医療器具販売業に従事し

ない場合には、医療器具販売業がこれに該当することとなります。）の事業規模は、特定支配日以後の１年ごとの各期間（「支配日以後期間」といいます。）の売上高又は特定支配日の属する事業年度以後の各事業年度（「支配日以後事業年度等」といいます。）の売上高（１年未満の場合には年換算します。）により算定します（法令113の２⑪）。この場合、支配日直前期間と支配日以後期間とで売上高を比較し、さらに支配日直前事業年度等と支配日以後事業年度等とで売上高を比較することとなり、いずれかにおいておおむね５倍を超えるときには、この発動事由に該当することになると考えられます（参考：国税不服審判所平成24年４月20日裁決）。

　ただし、非従事事業の事業規模が旧事業の事業規模のおおむね５倍を超えたとしても、その前期間（前事業年度）の非従事事業の事業規模のおおむね５倍を超えないときには、発動事由は生じていないものとされます（法令113の２⑳）。本件の場合で考えると、医療器具販売業の支配日以後期間又は支配日以後事業年度等の売上高が金属部品販売業の支配日直前期間又は支配日直前事業年度等の売上高のおおむね５倍を超えることになったとしても、医療器具販売業の売上高がその前期間又は前事業年度比でおおむね５倍超の増加がなければ、発動事由には当たらないこととなります。

（ハ）　まとめ

　Ｔ社を100％子会社化して金属部品販売業を廃止して医療器具販売業への業種転換を行う場合において、100％子会社化した日（特定支配日）から５年以内に次のいずれかの状態になるときには、発

動事由が生じたことになり、Ｔ社の未使用の繰越欠損金が全て切り
捨てられて使用不能となります。

① 支配日直前期間（特定支配日直前１年間）又は支配日直前事
　業年度等（特定支配日の属する事業年度の直前事業年度）の金
　属部品販売業の売上高のおおむね５倍を超える資金借入れ等が
　行われること。

　　→ 上記ロ②の発動事由に該当します。

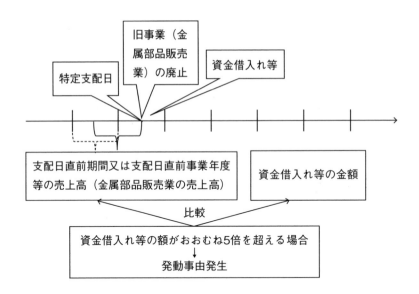

② Ｔ社の特定の役員（常務クラス以上の役員）の全員が退任し
　（業務を執行しなくなることを含みます。）、旧使用人（特定支
　配日直前において業務に従事する使用人）のおおむね20％以上

が退職し、残留する旧使用人が医療器具販売業に従事しない場合で、支配日以後期間（特定支配日以後１年ごとの各期間）又は支配日以後事業年度等（特定支配日の属する事業年度以後の各事業年度）の医療器具販売業の売上高が支配日直前期間又は支配日直前事業年度等の金属部品販売業の売上高のおおむね５倍を超えること（医療器具販売業の売上高が前期間又は前事業年度の売上高のおおむね５倍を超えない場合を除きます。）。

→　上記ロ⑤の発動事由に該当します。

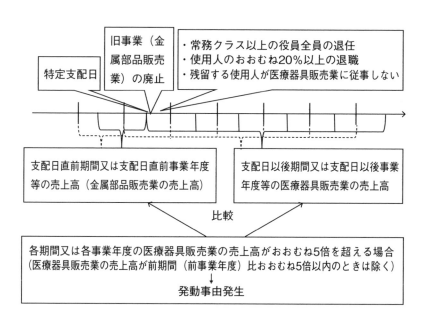

4　買収対象会社の完全子会社化（株式交換と株式交付の比較）

⑴　状況

　ゲーム開発事業を行うT社は、その発行済株式の全部を創業者であり代表取締役である甲が保有しています。同じくゲーム開発事業を行うA社（上場会社）は、T社を買収して完全子会社化することを考えています。甲もT社株式を全部譲渡してA社の完全子会社となることに同意しています。

　A社では、T社の完全子会社化を行うに際して、現金対価による買収ではなく、自社の株式（A社株式）を対価として買収することを想定しており、A社株式を対価とすることについては甲も同意しています。なお、甲は、交付を受けるA社株式の一部を証券市場で売却することを予定しています。

　また、完全子会社とした後も引き続き甲がT社の代表取締役の地位にあり、T社の営む事業の内容やT社の従業者の雇用も完全子会社前と変更はない予定です。

　ここで、具体的にT社株式の買収に当たってA社株式を交付する手法として、株式交換と株式交付の2つの制度が選択肢として挙がっています。

　この場合の株式交換、株式交付の税務上の取扱いの差異はあるでしょうか。

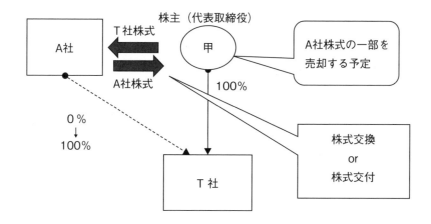

(2)　結論

　本件の場合、株式交換、株式交付のいずれの場合であっても、甲において、Ｔ社株式の譲渡課税は行われません。

　ただし、株式交換が適格株式交換[89]に該当するためには共同事業を行う場合の適格要件を満たす必要がありますが、そのうちの株式継続保有要件を満たすことができないものと思われますので、非適格株式交換に該当することになると思われます。非適格株式交換である場合、Ｔ社において時価評価資産の時価評価課税が行われることになります。一方、株式交付においては、そのような時価評価課

89　正確には、株式交換のほか、全部取得条項付種類株式、株式併合又は株式売渡請求の手法により少数株主を排除して法人間の100％親子関係（完全支配関係）を成立させる一定のもの（スクイーズアウト）を含めて、「適格株式交換等」といいますが（法法二十二の十七）、本項では、株式交換のみを対象として解説することからあえて「適格株式交換」と呼びます。

税はありません。

(3)　株式交換の課税関係

イ　適格要件

　株式交換が適格株式交換となる場合とは、①完全支配関係がある場合、②支配関係がある場合、③共同事業を行う場合の 3 つの類型に分かれます。

　本件においては、株式交換前に株式交換完全親法人となる A 社と株式交換完全子法人となる T 社との間には、一切資本関係はありません（完全支配関係・支配関係はありません。）ので、①完全支配関係がある場合の適格要件及び②支配関係がある場合の適格要件に該当するか否かの検討は省略し、③共同事業を行う場合の適格要件を満たすか否かのみを検討します。

　共同事業を行う場合の適格要件は、次の①から⑦の要件となります（法法 2 十二の十七ハ、法令 4 の 3 ⑳他）。

　①　金銭等不交付要件

　②　事業関連性要件

　③　事業規模要件又は特定役員要件

　④　従業者継続従事要件

　⑤　事業継続要件

　⑥　株式継続保有要件

　⑦　株式交換後完全支配関係継続要件

　本件の場合、特に⑥の株式継続保有要件が問題となるものと思わ

れます[90]。株式継続保有要件とは、株式交換により交付される株式
（無議決権株式を除きます。）のうち支配株主（株式交換の直前に株
式交換完全子法人と他の者との間に当該他の者による支配関係があ
る場合における当該他の者及び当該他の者による支配関係があるも
の（株式交換完全親法人を除きます。）をいいます。）に交付される
もの（「対価株式」といいます。）の全部が支配株主により継続して
保有されることが見込まれていることをいいます（法令4の3⑳
五）。なお、株式交換完全子法人が誰にも支配されていない（他の
者による支配関係がない）場合には、株式継続保有要件は課されま
せん。

　株式交換完全子法人であるＴ社は、その発行済株式の全部を代表
者甲が保有していることから、甲はＴ社の支配株主に該当します。

90　他の要件の充足の可否については、下記のとおりになると思われま
す。
　①　金銭等不交付要件・・・株式交換対価として株式交換完全親法
人Ａ社株式のみが交付されることから満たすことになると思われます。
　②　事業関連性要件・・・Ａ社、Ｔ社の双方がゲーム開発事業とい
う同種の事業を営むことから満たすことになると思われます。
　③　事業規模要件又は特定役員要件・・・事業規模は不明ですが、
Ｔ社では代表取締役の甲が株式交換後もＴ社の代表取締役の地位にあ
ることが予定されていますので特定役員要件を満たすことになると思
われます。
　④　従業者継続従事要件・・・Ｔ社では株式交換後も従業者の雇用
に変更はない予定であることから満たすことになると思われます。
　⑤　事業継続要件・・・Ｔ社では株式交換後もゲーム開発事業を継
続することが予定されていますので満たすことになると思われます。
　⑦　株式交換後完全支配関係継続要件・・・株式交換後にＡ社とＴ
社との間の完全支配関係が継続する見込みであることから満たすこと
になると思われます。

株式継続保有要件を満たすためには、支配株主である甲が、対価株式であるA社株式の全部を継続して保有することが見込まれていることが必要となりますが、甲はそのA社株式の一部を売却することを予定していることから、その要件を満たさないことになります。

　したがって、上記⑥以外の全ての要件を満たすとしても、TがA社株式の一部でも売却することが見込まれている以上、株式継続保有要件を満たさず、適格株式交換には該当しないことになります。

ロ　甲の課税関係

　本件の場合、非適格株式交換に該当するとしても、株式交換対価として株式交換完全親法人の株式であるA社株式のみが交付されることから、金銭等不交付株式交換[91]に該当します。金銭等不交付株式交換の場合、甲は、その保有するT社株式の取得価額がA社株式の取得価額に付け替えられるだけであり、T社株式の譲渡につき一般株式等に係る譲渡所得等は生じません（所法57の4①、所令167の7⑤）。

ハ　T社の課税関係

　非適格株式交換の場合、株式交換完全子法人であるT社において

---

[91]　金銭等不交付株式交換とは、株式交換完全親法人又は親法人（株式交換直前に株式交換完全親法人との間にその法人による完全支配関係がある法人をいいます。）のうちいずれか一の法人の株式以外の資産（剰余金の配当として交付された金銭その他の資産及び株式交換に反対する株主に対するその買取請求に基づく対価として交付される金銭その他の資産を除きます。）が交付されなかった株式交換をいいます。

は、その有する時価評価資産につき時価評価課税が行われ、評価損益が計上されることになります（法法62の9①）。

(4)　株式交付の課税関係

　株式交付については、株主が、その有する株式（「所有株式」といいます。）を発行した他の法人を株式交付子会社とする株式交付によりその所有株式を譲渡し、株式交付親会社の株式の交付を受けた場合（その株式交付により交付を受けたその株式交付親会社の株式の価額がその株式交付により交付を受けた金銭の額及び金銭以外の資産の価額の合計額のうちに占める割合が80％に満たない場合を除きます。）には、その所有株式の譲渡損益の計算における譲渡対価の金額は、所有株式の株式交付の直前の帳簿価額に相当する金額に株式交付割合（株式交付により交付を受けた株式交付親会社の株式の価額が株式交付により交付を受けた金銭の額及び金銭以外の資産の価額の合計額（剰余金の配当として交付を受けた金銭の額及び金銭以外の資産の価額の合計額を除きます。）のうちに占める割合をいいます。）を乗じて計算した金額と株式交付により交付を受けた金銭の額及び金銭以外の資産の価額の合計額（株式交付親会社の株式の価額並びに剰余金の配当として交付を受けた金銭の額及び金銭以外の資産の価額の合計額を除きます。）とを合計した金額とされる課税の特例があります（措法66の2の2）[92]。

92　個人の場合には、その譲渡した所有株式のうち、その所有株式の価額に株式交付割合を乗じて計算した金額に相当する部分の譲渡がなかったものとみなされます（措法37の13の3①、措令25の12の3①）。

　本件の場合に株式交付を選択したとすると、その株式交付により
株式交付親会社であるA社株式のみが交付されることになりますの
で、上記の課税の特例の適用があります。

　甲は、株式交付によりA社株式のみの交付を受けるとすると、T
社株式の譲渡につき一般株式等に係る譲渡所得等は生じません。こ
の場合、T社株式の取得価額がA社株式の取得価額に付け替えられ
ます（措令25の12の3④）。

　株式交付子会社T社については、上記の課税の特例の適用がある
場合、ない場合のいずれであっても、特に課税関係は生じません
（非適格株式交換の場合のような時価評価課税はありません。）。

⑸　留意点

　共同事業を行う場合の株式交換の適格要件は、完全支配関係があ
る場合又は支配関係がある場合の株式交換の適格要件に比して要件
が追加されており、特に株式継続保有要件は、支配株主が交付を受
ける対価株式の一部でも売却することが見込まれているときには満
たさないことになり、原則として株式交換完全子法人において時価
評価資産の時価評価課税が発生することになります。適格要件を満
たすためには、支配株主は対価株式の全部を継続して保有すること
が前提となり、対価株式の換金が困難になってしまいます。

　株式交付の場合、株式交付子会社の元の株主がその交付を受ける
株式交付親会社株式の売却を予定していたとしても、株式交付子会
社において時価評価課税等の課税関係は生じません。

　株式交付は、完全子会社に至らない子会社化を目指す場合に用い

られることが一般的には想定されますが、発行済株式の全部を取得することは禁止されていませんので、本件のように、株主が全株式を譲渡することに同意している場合には、株式対価で完全子会社化を行う手法として用いることも可能となると思われます。

Ⅲ　第二会社方式に関する事例検討

1　第二会社方式による事業再生の留意点①（無対価分割の場合）

⑴　状況

　Ｘ社は、非上場の株式会社であり、その株主構成は、代表取締役である甲が発行済株式の100％を保有しています。Ｘ社は、過去の設備投資等に伴う金融機関からの借入債務が過剰となっており実質債務超過の状態になっています。今後の事業承継等も考慮して抜本的な事業再生を行うべく、Ｘ社は、収益力のある事業（GOOD事業）に経営資源を集中して業績を立て直す一方、金融機関に支援を要請し、過剰債務の削減（債務免除）をしてもらいたいと考えています。

　Ｘ社では、債務免除益に対する課税対策として、事業用資産の含み損も利用すべく、いわゆる第二会社方式を検討しています。甲が第二会社（Ｎ社）を金銭出資により設立し、そこにGOOD事業の事業用資産及びGOOD事業の収益により弁済する借入金を会社分割により移転し（この移転に伴い事業用資産の含み損を譲渡損として実現させる予定です。）、その後、Ｘ社は、解散・清算して金融機関からの残債務の免除を受けるというものです。また、Ｎ社への会社分

割については、移転する資産（のれんを含みます。）の金額（時価）と負債の金額を同額とするため、分割対価を交付しないこと（無対価）を予定しています。

　また、甲は、分割後も引き続きＮ社の発行済株式の全部を保有する予定です。

　この場合、税務上の問題点はあるでしょうか。

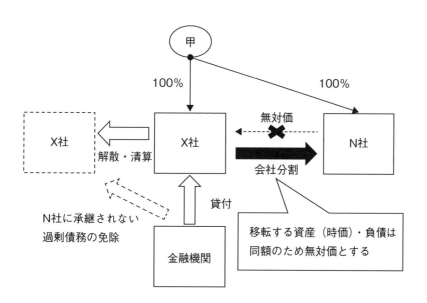

(2)　結論

　Ｎ社に対する会社分割を無対価分割とした場合、分割型分割に該当し、かつ、適格分割に該当すると思われます。適格分割の場合、会社分割による資産負債の移転は、帳簿価額による引継ぎとされ、

257

X社において譲渡損が計上されない（含み損が実現しない）ことに
なり、債務免除益課税対策が空振りになる恐れがあります。したが
って、手法の変更等を検討すべきものと思われます。

⑶　分割の課税関係

イ　適格要件

　分割が適格分割となる場合とは、①完全支配関係がある場合、②
支配関係がある場合、③共同事業を行う場合、④独立して事業を行
う場合（分割型分割の場合のみ）の４つの類型に分かれます。

　本件においては、①の完全支配関係がある場合の要件に該当する
か否かをまず検討することになります。この場合の適格要件は、①
金銭等不交付要件と②完全支配関係継続要件の２つになります（法
法２十二の十一イ、法令４の３⑥他）。

ロ　金銭等不交付要件

　金銭等不交付要件とは、分割対価資産として分割承継法人又は分
割承継親法人[93]のうちいずれか一の法人の株式以外の資産が交付さ
れないこと（株式が交付される分割型分割にあっては、その株式が
分割法人の発行済株式（自己株式を除きます。）の総数のうちに占
める分割法人の各株主の有する分割法人の株式の数の割合に応じて

93　基本的に分割の直前に分割承継法人と分割承継法人以外の法人との
　　間にその法人による完全支配関係（「直前完全支配関係」といいます。）
　　があり、かつ、分割後に分割承継法人とその法人との間にその法人に
　　よる完全支配関係が継続することが見込まれている場合におけるその
　　直前完全支配関係がある法人をいいます。

交付されるものに限ります。すなわち、按分型の分割型分割であることを要件とします。）をいいます（法法２十二の十一、法令４の３⑤）。

　本件においては、分割対価は交付されない無対価分割であり、金銭等不交付要件を満たすことになります。

八　分割型分割となる無対価分割

　完全支配関係継続要件の判定に先立ち、本件の分割が分割型分割に該当するか否かを判定します。

　分割の直前において、分割承継法人が分割法人の発行済株式（自己株式を除きます。）の全部を保有している場合又は分割法人が分割承継法人の株式を保有していない場合の無対価分割は、分割型分割に区分されます（法法２十二の九ロ）。

＜分割型分割となる無対価分割（分割法人が分割承継法人の株式を保有していない場合）＞

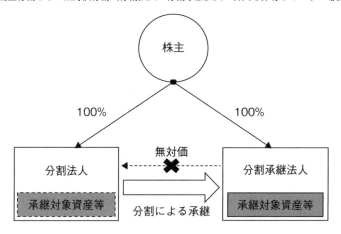

　本件の場合、分割法人X社と分割承継法人N社は、双方甲により発行済株式の100％を保有され、X社はN社株式を一切保有しておらず、分割法人が分割承継法人の株式を保有していない場合に該当します。

　そして、移転する資産と負債が等価であるため分割対価を交付しないという状況ではあるものの、分割対価資産がないということには相違なく、無対価分割に該当します。

　したがって、分割法人が分割承継法人の株式を保有していない場合の無対価分割として分割型分割に区分されることになると思われます。

二　完全支配関係継続要件

㈠　基本的な取扱い

　完全支配関係継続要件には、①当事者間の完全支配関係の場合と②同一の者による完全支配関係（法人相互の完全支配関係）の場合の２つに分かれます。ここでは、②同一の者による完全支配関係（法人相互の完全支配関係）の場合を対象とします。

　基本的には、分割前に分割法人と分割承継法人との間に同一の者による完全支配関係があり、かつ、分割後に分割法人と分割承継法人との間に同一の者による完全支配関係が継続することが見込まれていることをいいます（法令４の３⑥二）[94]。

94　分割後に適格合併等が行われることが見込まれている場合には一定の特例があります。

<＜分割の場合の完全支配関係継続要件の基本的な取扱い＞

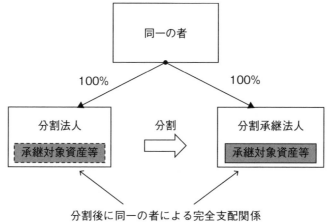

分割後に同一の者による完全支配関係
（法人相互の完全支配関係）が継続する見込み

㊥　分割型分割の場合の例外

　分割型分割[95]の場合には、上記の基本的な取扱いに対する例外が規定されており、例えば、吸収分割である分割型分割が行われたときには、分割型分割前に分割法人と分割承継法人との間に同一の者による完全支配関係があり、分割型分割後に同一の者と分割承継法人との間に同一の者による完全支配関係が継続することが見込まれていることが完全支配関係継続要件とされ、同一の者と分割法人との間に同一の者による完全支配関係が継続することが見込まれていることは不要になっています（法令4の3⑥二イ）。

95　分割対価を分割法人の株主と分割法人に交付する中間型の分割を除きます。

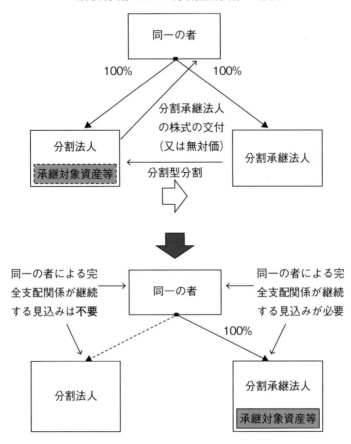

また、無対価分割となる分割型分割の場合には、分割前に次のいずれかの関係があることが必要となります(法令4の3⑥ニイ(1)(2))。

① 分割承継法人が分割法人の発行済株式（自己株式を除きます。）の全部を保有する関係

② 分割法人の株主（分割法人及び分割承継法人を除きます。）

及び分割承継法人の株主（分割承継法人を除きます。）の全て
について、その者が保有する分割法人の株式の数の分割法人の
発行済株式（自己株式及び分割承継法人が保有する分割法人の
株式を除きます。）の総数のうちに占める割合とその者が保有
する分割承継法人の株式の数のその分割承継法人の発行済株式
（自己株式を除きます。）の総数のうちに占める割合とが等しい
場合における分割法人と分割承継法人との間の関係（すなわち、
分割法人と分割承継法人の株主構成・持株比率が等しい場合の
関係を指します。）

　本件の場合、分割法人Ｘ社と分割承継法人Ｎ社の株主は、いずれ
も甲一人（100％）で株主構成・持株比率が等しい状態にあり、分
割後に甲とＮ社との完全支配関係は継続することが予定されていま
す。

　そうすると、本件の場合は、Ｘ社が分割後に解散・清算して消滅
することが予定されているとしても、完全支配関係継続要件を満た
すことになります。

ホ　まとめ

　以上のことから、本件の場合、無対価分割を行うと適格分割とな
ります。

　適格分割型分割の場合、分割法人から分割承継法人に対する資産
の移転は、その資産の帳簿価額による引継ぎとなります（法法62の
2②）。

本件の場合、X社からN社に対する移転資産の含み損は、X社において譲渡損として実現することなく、N社に引き継がれることになります。そうすると、X社においては、債務免除益と相殺するための譲渡損が生じないことになります。

⑷　代替案の検討

本件の場合、非適格分割に該当するためには、対価を交付することが必要となります。仮に現金を対価とする場合には、金銭等不交付要件を満たさないことになり、非適格分割に該当することになります。

仮にN社株式を交付する場合には、X社は、それを分割の日に甲に対して交付しないこととすることで分社型分割に区分されることになります。分社型分割の場合の完全支配関係継続要件には、分割後に分割法人と分割承継法人との間に同一の者による完全支配関係が継続することが見込まれることになります（法令4の3⑥二ロ）。

＜株式を交付する分社型分割の場合＞

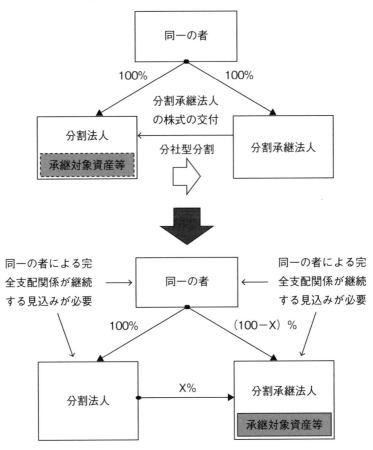

　本件の場合、分割法人Ｘ社は、分割後に解散・清算が予定されていることから、同一の者である甲と分割法人Ｘ社との間の完全支配関係の継続は見込まれないことになりますので、その要件を満たさないことになり、株式を交付する分社型分割の場合も非適格分割に該当することになります。

　また、移転の手法として、分割ではなく事業譲渡（会社法467）を行うことも選択肢の一つであると考えられます。事業譲渡の場合には、組織再編税制の対象となる行為ではありませんので、通常の譲渡と同じく時価による譲渡になり（法法22、22の2他）、帳簿価額による移転ということはありません。

⑸　留意点

　会社分割の場合と事業譲渡の場合とでは、登録免許税、不動産取得税等の移転コストの取扱いが異なりますので、どの手法を用いるかについては、その点も考慮する必要があります（上記第1章Ⅵを参照してください。）。

2　第二会社方式による事業再生の留意点②（グループ法人税制の影響）

(1)　状況

　上記1の事例において、移転の手法を事業譲渡に変更することにしました。

　事業譲渡によりN社に移転する資産負債は次のとおりです。のれんについては、GOOD事業の超過収益力等を基に適正に資産評定されています。

○ 移転資産負債の帳簿価額・時価・含み損益（単位：万円）

移転資産負債	帳簿価額	時価	含み損益
棚卸資産	5,000	5,000	0
その他流動資産	4,000	4,000	0
建物（1棟）	3,000	1,000	△2,000
土地（1筆）	30,000	10,000	△20,000
のれん	0	10,000	10,000
移転資産合計	42,000	30,000	△12,000
借入金等	30,000	30,000	0

　事業譲渡により下記の仕訳が起こされ、譲渡損12,000万円が生じると考えています。

○ 想定する事業譲渡時の仕訳（単位：万円）

借方	金額	貸方	金額
借入金等	30,000	棚卸資産	5,000
譲渡損	12,000	その他流動資産	4,000
		建物	3,000
		土地	30,000

　X社は、事業譲渡後に解散・清算する予定です。事業譲渡前から生じていた繰越欠損金が5,000万円あり、この譲渡損12,000万円と合わせて、ほぼ同額の残債務の免除益を全て控除できると考えています。

　この場合、税務上の問題点はあるでしょうか。

(2)　結論

　　X社とN社との間には完全支配関係がありますので、その二者間の事業譲渡により移転する建物、土地の譲渡損は、グループ法人税制の一環である100％グループ内の法人間の資産の譲渡取引等（資産の譲渡損益の繰延べ）の規定の適用があります（上記第1章Ⅳ1を参照してください。）。建物の譲渡損2,000万円、土地の譲渡損20,000万円の合計22,000万円は、戻入事由が生じるまでその損金算入が繰り延べられることになります（法法61の13①②）。一方、のれんの譲渡益10,000万円は、この規定の適用はなく事業譲渡に益金算入されます（法法61の13①）。

　　そうすると、事業譲渡と戻入事由が同一の事業年度にない限り、譲渡益と譲渡損の計上時期にズレが生じ、譲渡益10,000万円に対する課税が先行することになります（繰越欠損金5,000万円を全額控除しても5,000万円の所得が生じます。）。

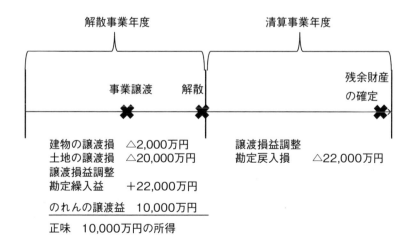

⑶　グループ法人税制における課税関係

イ　100％グループ内の法人間の資産の譲渡取引等

　100％グループ内の法人間の資産の譲渡取引等の規定は、完全支配関係がある内国法人である普通法人・協同組合等の間で譲渡損益調整資産の譲渡が行われた場合には、その譲渡益・譲渡損と同額の譲渡損益繰延勘定繰入損・繰入益を計上し、その益金算入・損金算入を繰り延べ、一定の戻入事由が生じたときにその譲渡損益繰延勘定の戻入益・戻入損を計上して、その繰り延べていた益金算入・損金算入を行うものです（法法61の13①②）。

　譲渡損益調整資産とは、固定資産、固定資産以外（棚卸資産）の土地、有価証券、金銭債権、繰延資産をいいますが、それらの資産であってもその１単位[96]当たりの帳簿価額が1,000万円未満のものは、譲渡損益調整資産から除外されます（法法61の13①、法令122の14①三）。

　本件の場合、建物と土地は、いずれも譲渡損益調整資産に該当しますが、のれんは、仮に営業権（固定資産）に該当すると考えた場合であっても、その帳簿価額は、０円であり譲渡損益調整資産には該当しないことになります。

　したがって、建物・土地の譲渡損22,000万円は、その損金算入が繰り延べられ、のれんの譲渡益10,000万円は、直ちに益金算入されることになります。

96　１単位とは、例えば建物であれば１棟、土地であれば１筆（又は１団）、機械装置等であれば１台等となります（法規27の13の３、27の15①）。

○　事業譲渡時の税務仕訳（単位：万円）

借方	金額	貸方	金額
借入金等	30,000	棚卸資産	5,000
譲渡損	12,000	その他流動資産	4,000
		建物	3,000
		土地	30,000
譲渡損益調整勘定	22,000	譲渡損益調整勘定繰入益	22,000

○　戻入事由発生時の税務仕訳（単位：万円）

借方	金額	貸方	金額
譲渡損益調整勘定戻入損	22,000	譲渡損益調整勘定	22,000

□　対応策の検討

　戻入益・戻入損の計上は、基本的に譲渡損益調整資産を譲り受けた法人（譲受法人）において、その譲渡損益調整資産に係る譲渡、償却、評価換え、貸倒れ、除却等の戻入事由が生じた時に行われます（法法61の13②他）。

　ただし、譲渡損益調整資産を譲渡した法人（譲渡法人）が譲受法人との間に完全支配関係を有しないこととなった場合、その有しないこととなった日の前日の属する事業年度において譲渡損益調整勘定の全額の戻入益・戻入損を計上して、その繰り延べていた益金算入・損金算入を行います（法法61の13③）。この完全支配関係を有

271

しないことには、譲渡法人又は譲受法人が清算により消滅することも含まれます。この場合の消滅とは、解散の時点ではなく残余財産が確定する時点[97]を指します。

　本件の場合、事業譲渡後に解散することにしていますが、解散により事業年度は終了します（法法14①一）。解散事業年度においてのれんの譲渡益は益金算入され、建物土地の譲渡損の損金算入は繰り延べられ、譲渡益と譲渡損の泣き別れが生じることになります。それを避けるためには事業譲渡は解散後に行うことが必要になります。事業譲渡の日と残余財産の確定の日を同じ事業年度内とすることで、結果的に事業譲渡と戻入が同一事業年度に生じ、譲渡益と譲渡損の泣き別れは生じません。

　株式会社の場合には、解散の日の翌日以後１年ごとの期間（会社法上の清算事務年度）が法人税法上の事業年度になります（会社法494①、法法13①、法基通１－２－９）[98]。したがって、株式会社の場合、同じ清算事務年度内（１年間）に事業譲渡及び残余財産の確定が完了すれば、同一事業年度内で処理することができます。

97　完全支配関係を有しないこととなる日とは、残余財産の確定の日の翌日となります（国税庁質疑応答事例「清算結了する場合におけるグループ法人税制で繰り延べた譲渡損益の取扱いについて」）。
98　事業年度の中途において残余財産が確定した場合には、その確定した日をもって事業年度は終了します（法法14①二十一）。

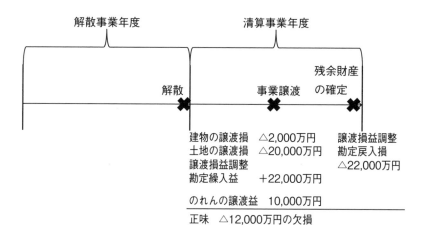

解散事業年度　　　　　　　　清算事業年度

解散　　　　事業譲渡　　残余財産の確定

建物の譲渡損　　△2,000万円
土地の譲渡損　　△20,000万円
譲渡損益調整
勘定繰入益　　　＋22,000万円

のれんの譲渡益　10,000万円

正味　△12,000万円の欠損

譲渡損益調整
勘定戻入損
△22,000万円

(4)　留意点

　本件の場合、移転の手法として事業譲渡を選択しましたが、仮に分割を選択した場合（上記 1 での検討を踏まえて、非適格分割となることを前提とします。）であっても、この100％グループ内の法人間の資産の譲渡取引等の規定（法法61の13）における「譲渡」には、組織再編税制の対象となる合併、分割等による移転も当然に含まれますので、本項において検討した事業譲渡の場合と同様の論点が生じます。

3　仮装経理（粉飾決算）の是正及び設立当初からの欠損金の損金算入

(1)　状況

　X社（年1回3月決算、法人税の申告期限の延長の適用は受けていません。）は、経営者である代表取締役甲（X社の発行済株式の100%を保有しています。）が高齢となり、後継者もいないこと等から、同業他社のA社に事業譲渡をして清算することを計画しています。

　X社は、過去の事業年度において仮装経理（粉飾決算）を行っており、それにより実在性のない資産が帳簿上計上されています。

　①　X社の令和3年3月31日の貸借対照表（帳簿価額ベース）

（単位：万円）

諸資産	58,000	諸負債	55,000
		資本金（注）	5,000
		利益剰余金（注）	△2,000
合計	58,000	合計	58,000

（注）　便宜上、資本金の額及び利益剰余金の額は、それぞれ税務上の資本金等の額及び利益積立金額と一致するものとします。

　②　令和3年3月期において翌期に繰り越す青色欠損金が1,000万円あります。

　③　諸資産には、次のような実在性のない資産が含まれています。

　　i　売掛金　5,000万円

　　　平成21年3月期に架空売上5,000万円を計上した際の売掛

金が資産として計上されています。平成21年3月期は、法人税を納税をしていますが、この架空売上を計上しない正しい所得計算をした場合には、欠損金額が生じることになります。

ⅱ　棚卸資産　3,000万円

平成22年3月期に売上に係る売上原価3,000万円を計上すべきところ、売上原価が計上されなかったため棚卸資産が資産として計上されています。平成22年3月期は、法人税を納税していますが、この売上原価を計上する正しい所得計算をした場合には、欠損金額が生じることになります。

④　X社は、令和3年10月31日をもって解散し、その解散事業年度（令和3年10月期）においてこれら実在性のない資産については、前期損益修正損として処理します（便宜上、令和3年10月期のこれ以外の会計処理は、考慮しないものとします。）。

○　会計上の仕訳（単位：万円）

借　方	金　額	貸　方	金　額
前期損益修正損	8,000	売掛金	5,000
		棚卸資産	3,000

⑤　令和4年2月頃にA社に対して事業譲渡を行うこととし、その事業譲渡の対価の金額は、51,000万円であり、それにより譲渡する実在性のある資産の帳簿価額は50,000万円（負債は移転させません。）であり、譲渡益1,000万円が生ずる予定です（便宜上、清算事業年度では、この会計処理と下記⑥の会計処理以外は、考慮しないものとします。）。

275

○　会計上の仕訳（単位：万円）

借　方	金　額	貸　方	金　額
現金	51,000	諸資産	50,000
		譲渡益	1,000

⑥　事業譲渡の代金51,000万円で負債を弁済し、弁済できない負
　　債4,000万円については、令和4年3月頃に債務免除を受けて、
　　同月中に清算結了する予定です。

○　会計上の仕訳（単位：万円）

借　方	金　額	貸　方	金　額
負債	55,000	現金	51,000
		債務免除益	4,000

　　X社の令和3年10月期の期末と清算事業年度の税務処理は、どの
ようにすればよいでしょうか。

(2)　結論

①　令和 3 年10月期（解散事業年度）における処理

令和 3 年10月期において会計上計上した前期損益修正損8,000万円は、令和 3 年10月期の確定申告書別表四において全額否認（加算・留保）します。

令和 3 年10月期の確定申告書別表五（一）Ⅰの期首の利益積立金額の欄に実在性のない資産に係る減算8,000万円を記載します。この減算8,000万円と上記の加算8,000万円は、相殺される関係にあります。

結果的に会計上の前期損益修正損に係る当期損失の金額8,000万円が利益積立金額の正味の減算金額となり、期末の利益積立金額は、マイナス10,000万円となります。

②　清算事業年度における処理

清算事業年度において、欠損金控除前の所得金額5,000万円（事業譲渡の譲渡益1,000万円＋債務免除益4,000万円）について、青色欠損金1,000万円を控除し、さらに期限切れ欠損金4,000万円を控除して所得金額は 0 円となります。

(3)　仮装経理の是正

過去の事業年度の仮装経理（粉飾決算）により実在性のない資産が計上されている場合の是正の方法は、次の表のとおりとされています（仮装経理の是正については、上記第 1 章Ⅴ 2 (5)を参照してください。）。

なお、以降の解説は、青色申告法人の場合を前提とします。

＜実在性のない資産の処理方法＞

実在性のない資産が生じた事業年度	処理方法
①　更正期限内の事業年度である場合	修正の経理を行い、確定申告書の提出後、税務署長の更正（注1）を受けることにより繰越欠損金額（青色欠損金額）とします。
②　更正期限を過ぎた事業年度である場合	修正の経理を行い、確定申告書において期首の利益積立金額から減算して繰越欠損金額（期限切れ欠損金額）とします。
③　不明である場合（注2）	修正の経理を行い、確定申告書において期首の利益積立金額から減算して繰越欠損金額（期限切れ欠損金額）とします。

(注)1　仮装経理により過大申告を行っている場合、税務署長は、法人が修正の経理をし、修正の経理をした事業年度の確定申告書を提出するまでの間は、更正をしないことができます（法法129①）。
　　2　法的整理手続又は公的機関が関与又は一定の準則に基づき独立した第三者が関与して策定された事業再生計画に限ります。

　本件の場合、X社において実在性のない資産が計上されることとなった原因が生じた事業年度（平成21年3月期、平成22年3月期）の欠損金額をあるものとする更正期限は、平成21年3月期分については平成30年5月末、平成22年3月期分については令和元年5月末であり、いずれも令和3年10月期の時点では徒過しており、税務署長の更正を受けることはできません（国通法70②）[99]。

99　平成30年4月1日前に開始した事業年度（平成20年4月1日以後に終了した事業年度に限ります。）の欠損金額をあるものとする（増加させる）又は減少させる更正期限は、法定申告期限から9年となります（経済社会の構造の変化に対応した税制の構築を図るための所得税

　そうすると、更正期限は徒過しているものの、その実在性のない資産が計上された事業年度は特定できることから、上記の表の②に該当することになります。この場合には、修正の経理を行い、その修正の経理を行った事業年度の確定申告書上で、仮に更正期限内であればその修正の経理によりその発生原因の生じた事業年度の損失が増加したであろう金額をその事業年度から繰り越された欠損金額として処理する（期首利益積立金額から減算する）ことにより、発生原因の生じた事業年度の欠損金額（その事業年度が青色申告であるかどうかにかかわらず期限切れ欠損金額）とすることとなります。

　そして、X社は、令和3年10月期において修正の経理（実在性のない資産の消去と前期損益修正損の計上）を行っていることから、令和3年10月期の期首の利益積立金額は、マイナス2,000万円（令和3年3月期末の確定申告書別表五（一）Ⅰ④の差引計の金額）に、さらに8,000万円を減算してマイナス10,000万円となり、これが令和3年10月期の期末の利益積立金額でもあり、清算事業年度に繰り越されることとなります。また、前期損益修正損8,000万円は、全額否認（加算・留保）されます。

　以下、会計処理、税務処理、別表調整を示すと次のようになります[100]。

法等の一部を改正する法律（平成23年法律第114号）附則37②、所得税法等の一部を改正する法律（平成27年法律第9号）附則53③）。
　また、法人税を増減させる更正期限は、法定申告期限から5年となります（国通法70①）。
100　国税庁情報「『平成22年度税制改正に係る法人税質疑応答事例（グループ法人税制その他の資本に関係する取引等に係る税制関係）（情報）』問11　実在性のない資産の取扱い」

○　会計上の仕訳（再掲）（単位：万円）

借　方	金　額	貸　方	金　額
前期損益修正損	8,000	売掛金	5,000
		棚卸資産	3,000

○　税務上の仕訳（単位：万円）

借　方	金　額	貸　方	金　額
利益積立金額	8,000	売掛金	5,000
		棚卸資産	3,000

○　会計上の仕訳から税務上の仕訳にするための修正仕訳（別表調整）（単位：万円）

借　方	金　額	貸　方	金　額
利益積立金額 （注1）	8,000	前期損益修正損 （注2）	8,000

（注）1　法人税申告書別表五（一）Ⅰで減算（除斥期間経過分受入△8,000万円）

　　　2　法人税申告書別表四で加算・留保（前期損益修正損加算8,000万円）

　　　　法人税申告書別表五（一）Ⅰで加算（売掛金5,000万円、棚卸資産3,000万円）

○　別表記入

　○　別表四：所得の金額の計算に関する明細書（単位：万円）

区分	①総額	②留保	③社外流出
当期利益	△8,000	△8,000	
加算：前期損益修正損加算	8,000	8,000	
〜〜〜〜	〜〜〜〜	〜〜〜〜	〜〜〜〜
所得金額又は欠損金額	0	0	

　○　別表五（一）Ⅰ：利益積立金額の計算に関する明細書

（単位：万円）

区分	期首①	当期の減②	当期の増③	期末（翌期首）④
売掛金（注）			5,000	5,000
棚卸資産(注)			3,000	3,000
除斥期間経過分受入(注)	△8,000			△8,000
〜〜〜	〜〜〜	〜〜〜	〜〜〜	〜〜〜
繰越損益金	△2,000	△2,000	△10,000	△10,000
〜〜〜	〜〜〜	〜〜〜	〜〜〜	〜〜〜
差引合計額	△10,000	△2,000	△2,000	△10,000

（注）　期末（翌期首）④の売掛金5,000万円及び棚卸資産3,000万円と除斥期間経過分受入△8,000万円は相殺されるため、翌期の別表五（一）Ⅰ①には繰り越しません。

281

　以上の処理を通じて、令和 3 年10月期の期末において、設立当初からの欠損金[101]が10,000万円（青色欠損金が1,000万円、期限切れ欠損金が9,000万円から成ります。）生じていることになります。

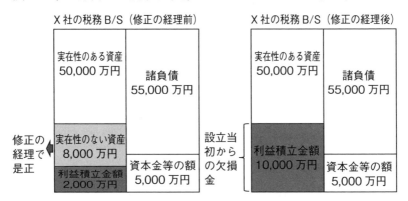

(4)　解散の場合の設立当初の欠損金の損金算入の規定

　内国法人が解散した場合において、残余財産がないと見込まれるときは、その清算中に終了する事業年度（法人税法第59条第 2 項の規定の適用を受ける事業年度を除きます。）の所得の金額の計算上、次の①、②のいずれか少ない金額が損金の額に算入されます（法法59③、法令118）。

　①　繰越欠損金額（設立当初からの欠損金）から当期において繰

101　期首の利益積立金額のマイナス金額（法人税申告書別表五（一）
　　Ⅰの期首現在利益積立金額（①）の差引合計額（31欄）の金額がマイ
　　ナスである場合のその金額）をいい、その金額が、法人税申告書別表
　　七（一）に控除未済欠損金額として記載されるべき金額に満たない場
　　合には、その控除未済欠損金額として記載されるべき金額により（法
　　基通12− 3 − 2 ）、資本金等の額がマイナスの場合には、その資本金
　　等の額のマイナス金額も含められます（法令118一かっこ書）。

越控除（法法57①）に使用された青色欠損金を控除した金額

②　この規定を適用しないで計算した当期の所得金額[102]（法人税申告書別表四の差引計の金額から青色欠損金の繰越控除額を控除した金額）

　本件の場合は、清算中の事業年度であり、かつ、残余財産がないと見込まれることから、清算事業年度においては、設立当初からの欠損金の損金算入の規定が適用されます。

　清算事業年度において資産の譲渡益1,000万円と債務免除益4,000万円が生じ、欠損金控除前の所得金額は、5,000万円となり、これに対して、まず青色欠損金の繰越控除（法法57①）が適用され、前期から繰り越されてきた青色欠損金1,000万円相当額が控除されることになります。控除されなかった4,000万円については、設立当初からの欠損金の損金不算入の規定が適用されて控除されることになります。

　設立当初からの欠損金の損金算入額は、次の計算のとおりとなります。

ⅰ　繰越欠損金額（期首利益積立金額のマイナス金額：10,000万円）－青色欠損金（1,000万円）＝期限切れ欠損金（9,000万円）

ⅱ　欠損金控除前の所得金額（5,000万円）－青色欠損金の繰越控除（1,000万円）＝設立当初からの欠損金の損金算入前の所

---

[102]　残余財産の確定の日の属する事業年度に係る事業税及び特別法人事業税の損金算入の規定（法法62の5⑤）の適用がある場合には、この規定についても適用しないで計算した所得金額をいいます。

得金額（4,000万円）

iii　i ＞ ii　∴4,000万円

　したがって、設立当初からの欠損金の損金算入の規定により
4,000万円が損金算入されて、結果として所得金額は 0 円となります。

X 社の税務 B/S（事業譲渡後）

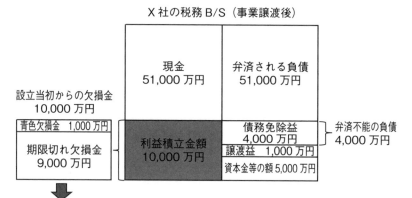

設立当初からの欠損金
10,000 万円

青色欠損金　1,000 万円

期限切れ欠損金
9,000 万円

現金
51,000 万円

弁済される負債
51,000 万円

利益積立金額
10,000 万円

債務免除益
4,000 万円

譲渡益　1,000 万円

資本金等の額 5,000 万円

弁済不能の負債
4,000 万円

青色欠損金の繰越控除　1,000 万円
設立当初からの欠損金の損金算入　4,000 万円

【著者紹介】

小松　誠志（こまつ　まさし）

山形県出身
横浜国立大学経営学部会計・情報学科卒業

平成16年12月　税理士試験合格
平成17年 2 月　中村慈美税理士事務所入所
平成19年 5 月　税理士登録
平成24年 4 月　文京学院大学大学院経営学研究科非常勤講師（現客員教授）就任
平成27年 4 月　一橋大学法科大学院非常勤講師就任
平成30年 7 月　小松誠志税理士事務所開業
　　　　 9 月　青山学院大学大学院会計プロフェッション研究科非常勤講師就任

○　主な著書
「三訂版　改正減価償却の実務重要点解説」（大蔵財務協会）
「中小企業をめぐる法人税務」（大蔵財務協会）
「最新版　図解中小企業税制」（共著　大蔵財務協会）
「改訂版　事例と図表でわかる　同族会社のための税務」（共著　大蔵財務協会）
「平成29年改訂版　認定支援機関・事業再生専門家のための事業再生税務必携」（共著　大蔵財務協会）
「令和 2 年度版　法人税重要計算ハンドブック」（共著　中央経済社）
「詳解　会社税務事例」（共著　第一法規）
「私的整理計画策定の実務」（共著　商事法務）
「事実上の貸倒れの規定における問題点と解決法」（税務経理協会・「月刊税経通信」掲載）
「自社株式対価M＆Aに係る課税の特例制度の全容と活用方法」（税務研究会・「週刊税務通信」掲載）
「大改正の組織再編税制　押えておきたい実務ポイント」（共著　税務研究会・「週刊税務通信」掲載）
「事業再生・再編税務の実務処理ケーススタディ　再生・再編手法の選択と税務処理のポイント」（共著　税務研究会・「週刊税務通信」連載）

事例検討　法人税の視点からみた
事業承継・M&Aの実務ポイント

令和3年6月16日　初版印刷
令和3年6月28日　初版発行

```
┌─────────┐
│ 不　許 │          著　者　　小 松 誠 志
│ 複　製 │                  (一財)大蔵財務協会　理事長
└─────────┘          発行者　　木 村 幸 俊
```

発行所　一般財団法人　大蔵財務協会
〔郵便番号　130-8585〕
東京都墨田区東駒形1丁目14番1号
(販　売　部)TEL03(3829)4141・FAX03(3829)4001
(出版編集部)TEL03(3829)4142・FAX03(3829)4005
http://www.zaikyo.or.jp